U0002389

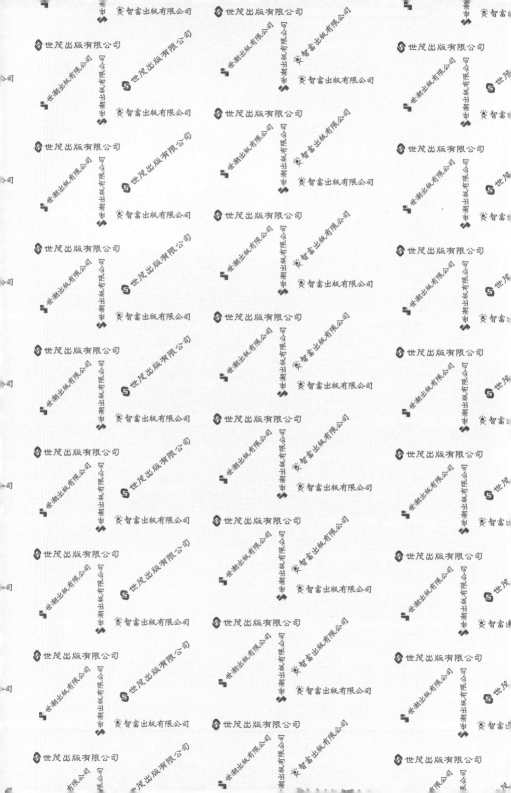

Art of Enough

7 Ways to Build a Balanced Life
and a Flourishing World

進入心流的
七種藝術

停止內耗，顯化富足人生

貝琪‧霍爾
Hall, Becky
　　　　著

詹宛樺
　　　　譯

各界讚譽

「如果你想讓生活變得更好,讓世界更美好,那你一定要讀這本書。本書充滿智慧和實用的建議,文字優美流暢,每個人都該讀一讀。」

　　暢銷作家查爾斯・韓第,著有《覺醒的年代》與《第二曲線》

「貝琪催生了這本絕妙好書。以七藝的架構優雅交織故事、洞見與練習,讀起來輕鬆又有趣。如果你對生活感到不堪負荷,想發自內心獲得力量,不妨善待自己、閱讀本書,體現其中的智慧。」

　　莎拉・羅贊圖勒(Sarah・Rozenthuler),特許心理學家與對話教練,
　　　　　　　著有《目的的力量》(暫譯。*Powered By Purpose*)與
　　《溝通的力量》(暫譯。*How to Have Meaningful Conversations*)

「讓個人、生活甚至是世界都變得更好的指南，幫助你捨棄失敗和不足產生的內疚感。為內心帶來篤定、行動和寬恕。」

凱特・博特利（Rev Kate Bottley），
廣播二台播報員與真人實境秀Gogglebox教區牧師

「本書充滿力量，文筆優美。如果你曾疑惑為何每天都感到不堪負荷、沮喪又疲憊，這本書就是為你所寫。本書提供了富有同情心的、實際的建議和簡易的練習，幫助你維持生活和心靈上的平衡。」

蘇珊・雷特（Suzanne Raitt）教授，
美國維吉尼亞州威廉與瑪麗學院校長教授

「這本書讓我深感共鳴，不僅探討目的與身分等深入的問題，也談到我們現在所處的時刻——什麼是最重要的、個人在世界上的位置、這一切對於環境的影響。貝琪・霍爾這本意義深遠且實用的書，以冷靜與可靠的智慧幫助我們重新思考，明白我們擁有的已經足夠。」

辛妮・麥當勞（Chine McDonald），播報員與作者，著有
《上帝不是白人》（暫譯。*God is not a White Man*）

「美妙且實用的心靈指南，教我們如何更融入生活、周圍的世界，以及善用資源，使每個人都能受益。本書為我們目前過剩的個人主義心態所造成的筋疲力竭，提供了很棒的相對觀點。」

麥可・卡希爾（Michael Cahill），
Market Matters教練與創辦人

「這個時代比以往更須要找到內在與外在世界的平衡，本書邀請我們擺脫糾結，重新撰寫人生劇本，建立與環境、周遭人以及自己更棒的關係。這本書不只是用來閱讀，而是用來互動的。」

維伊・波洛克（Vee Pollock）教授，
紐卡索大學文化與創意藝術院長

「貝琪以發人深省又有憑有據的方式，讓我們關注這個時代巨大且複雜的問題。她邀請每個人探索自己的內心世界，思考個人如何影響外在世界。本書適合想了解如何自在生活、獲得心流的人閱讀，進一步與自己、他人以及共享的美麗星球連結。」

蘿拉・貝金漢（Laura Beckingham），先知、教練、作家

「我喜愛這本書。不僅概念和形式優美，也是我們所需要的。」

琳恩·史東尼（Lynn Stoney），
Constellations Workshops星座專家與老師

「人們常說要簡單表達一個概念，必須對它有深層的理解。本書提供了看似簡單的概念：如果我們能在個人、社會及全球層面，學會找到匱乏與過剩間的平衡，就有機會打造繁榮的世界。但若想達到這個境界，我們有很多工作要做：用一輩子練習以不同的方式存在、工作、愛與生活。本書是邏輯縝密的作品，包羅萬象又具備優雅的一致性。本書汲取不同學科的養分，包括個人發展、心理學、生理學、生物學、生態學、企業管理、社區發展、社會理論與靈性，無法簡單歸類。追根究柢，這是本智慧之書。」

保羅·諾薩普（Paul Northup），Greenbelt Festival創意總監

「貝琪·霍爾汲取豐富的個人與專業經驗，以熱情、智慧與洞見寫成本書，提供我們另一種生活的方式，用清楚的指南，一步步帶領我們做出改變。」

艾莉森·維客思（Alison Vickers），教練與協調員

「本書極為誠實且扎實，實用又富有同情心。我真希望二十五年前就讀到這本書。」

　　　　　　　　茱蒂‧帕克（Judy Parke），中學英文老師

「本書非常實用，我須要反覆閱讀它。無論是家庭主婦、團隊領導人或 CEO，都能發現最重要的事物、學習足夠的藝術。作為小學校長時，我曾感到不知所措，假如當初有這本書，我一定會很開心，因為它可以幫助我審視生活、達到平衡。」

　　　　　　　　克萊兒‧懷特（Claire White），退休小學校長

「我很慶幸自己在二十幾歲就讀了這本書。它提供我在人生中找到平衡的基礎。書中的練習對我建立自信、做出積極貢獻非常有用。」

　　　　　　　　莎拉‧威爾金森（Sarah Wilkinson），教育支持工作者

「本書提供我們由內而外思考與行動的機會。從自我的生態系統開始，到我們須要保護的更大全球系統，本書帶你展開旅程，及時回應世界的挑戰。」

　　　　　　　　茹絲‧奧弗頓（Ruth Overton），天達銀行組織發展顧問

獻給裴德，是你每天都在提醒我，
如何用足夠的藝術過生活。

願你們每一個人感到豐足。

願有足夠的陽光使你保持明亮。

願有足夠的雨使你渴望陽光。

願有足夠的幸福使你精神奕奕。

願有足夠的痛使你更能體會生命中小小的樂趣。

願你有足夠的獲得能填補不足。

願你有足夠的失去使你更珍惜擁有。

願你有足夠的遇見使你有勇氣面對最終的離別。

願你足夠，而無所求。

尼爾・戈爾（Neil Gore），來自劇本《我們終將自由！》[1]（暫譯。*We Will Be Free!*）

目錄

序

我們為何需要足夠的藝術

　　請想像這個畫面。我坐在凱特[1]對面，她是我正在晤談的資深主管。她告訴我，雖然她的事業成功、前途美好，但她總覺得怎麼做都不夠。無論她多努力工作、獲得多少稱讚（非常多的稱讚），仍無法擺脫冒充者的恐懼，覺得自己總有一天會被拆穿。為了達成遙不可及的目標，她賣命地工作。凱特深信自己缺乏所需。她不允許自己休息，內心充滿恐懼。為了持續達成目標，她疲憊不堪，但不安全感仍如影隨形。在她的心中，自己就是「不夠」[2]。

　　現在讓我們將鏡頭轉向奧馬。新冠肺炎封城期間，奧馬在家上班。工作繁重的他和妻子與一歲大的兒子住在兩房的

1　本書案例中的所有名字都經過修改，以確保匿名性。
2　文法上的強調。鑒於本書旨在尋找「足夠」（Enough），文中會以上下引號來進行強調以及區別，「過剩」（Excess）和「匱乏」（Scarcity）亦同。

公寓。奧馬向我描述他的工作日常：早上七點前就坐在辦公桌，整天連續不斷開會，收件匣塞滿了電子郵件。傍晚時，他會花一小時陪伴妻子與兒子，然後繼續工作到深夜。龐大且複雜的工作讓他感到吃不消，也無法停下來休息。可想而知，倦怠使奧馬瀕臨崩潰邊緣。但他仍覺得，自己彷彿做得永遠「不夠」。

現在，讓我們將焦點轉向地球。「我們的家園著火了。」格蕾塔・童貝里在2019年1月達沃斯經濟論壇如此說道。2018年10月發布的政府間氣候變遷專門委員會（IPCC）報告表示，地球僅有12年的時間，人們須要徹底改變二氧化碳用量與排放量，以阻止氣候變遷的大災難[2]。海洋滿載了國家大小的塑膠島嶼。聯合國兒童基金會指出，有86%的英國孩童正呼吸著危險等級的有毒空氣。人類正迎來第六次大滅絕，成千上萬的棲地與物種正面臨生態滅絕。然而，個人、社會或機構的回應和改變完全跟不上腳步。彷彿我們不知道如何停下來，擁有的似乎永遠「不夠」。

這些故事並不罕見。過去20年來，我的工作是為人們與團隊提供支援。人們努力工作，將最好的時光奉獻給企業、大學、慈善機構、組織和政府。但我發現，竟然有很多人都

感到不平衡。我們彷彿一直坐在翹翹板上，在過剩和匱乏兩個極端之間擺盪。內在生活因為不平衡飽受折磨，外在生活被複雜性所淹沒，從演化的角度來看，地球的生態系統已瀕臨崩潰。

　　我相信，由內而外找到足夠的藝術是這個時代的挑戰。而本書旨在探討三個核心問題：

- 為何我們在生活中許多方面都感到不平衡？
- 如何在「足夠」的界限中，在21世紀過上豐盛的生活？
- 學著成為、做得及擁有「足夠」，將產生哪些可能？

什麼是足夠？

　　我對「足夠」的定義如下：「足夠」是存在和生活的方式。有了「足夠」，就能在自然的界線下生活，獲得自由，茁壯發展。「足夠」源自富足與愛。當相信自己「足夠」，就能找到讓自己閃耀的自由和進入心流。從「足夠」的狀態出發，就能設立界線，做得「足夠」，並以可持續下去的步

調生活、工作和做出貢獻，讓世界變得更好。「足夠」是有界線的生活方式，能為人們帶來如炬的目光和可更新的內在力量。「足夠」能帶來隨著自然節奏而成長蛻變的智慧，讓人們了解何時擁有「足夠」，而不會一直需要更多。「足夠」讓我們與彼此還有共享的地球互相連結了起來。

　　人們對「足夠」這個概念的常見想法是平庸、普通和不努力。我認為事實是相反的。「足夠」使我們扎根於沃土，有足夠的養分茁壯，才能使我們富有創造性與光輝。從「足夠」之處出發，我們才得以適度地成長、與他人和環境連結、做出美好的事。我們從不斷飢渴、永不滿足的狀態進入充實的狀態，在那裡，我們可以蓬勃生長。「足夠」絕非平庸，而是通向健康、永續生活的跳板。

　　「足夠」是指回到我們與地球相調和的生活方式。自然的循環有其規律。過去一千年裡，生態不斷以重複的方式更新，且無限富足。然而今日的情況卻相反，過去幾個世紀以來，人類對自然資源的剝削已將豐足的生態系統推向匱乏。人們的生活過度消費自然資源，對保持平衡的生態系統視而不見，面臨重要資源幾乎消耗殆盡的窘境，導致循環的更新受到了威脅。有鑒於此，「足夠」旨在回歸與生命的自然相

調和，使人類及地球能再度茁壯。無論你是為了精神層面、工作或集體生活想精通足夠的藝術，都要找到「匱乏」與「過剩」之間的平衡，回到可茁壯成長的更新循環。

詹姆斯・洛夫洛克*（James Lovelock）的「蓋亞假說」（Gaia）指出，世界是個生命有機體，透過複雜性相連在一起[4]。蓋亞假說裡一個廣為人知的概念是：所有事物皆由一連串自我調節網絡相連而成。所以，當一隻蝴蝶在美國拍動翅膀，引發一連串微小的改變，將可能導致非洲的暴風雨，進而引發亞洲的颱風。在自我調節的系統中，改變從小小的擾動開始（如蝴蝶拍動翅膀），最後經由系統中相連的網絡放大，導致其他地方的巨大改變（如颱風）。

同樣地，我相信「足夠」可以從每個人內在的小小改變開始。我的直覺告訴我，這種「不夠」的個人感受，和日常生活中做得過多、無力停止過度消費、覺得自己沒有擁有「足夠」之間大有關聯。內在的感受、覺得須要做多少，與最終如何能以不傷害地球的方式永續生活密切相關。

*註：詹姆斯・洛夫洛克（James Ephraim Lovelock，1919 ～ 2022 年），英國獨立科學家、環保主義者、未來學家。

　　這當然也是我的親身經驗。我身懷志向，勢必得找到三方間的平衡。我曾拚命工作才能覺得自己好到能被人接受；我曾為了證明自己而攬下一堆工作，忙得焦頭爛額；我曾在想要保護地球、出國旅行和便利生活之間掙扎。但如此努力的結果呢？我最終明白，努力經常不是答案。

　　看著這些情況不斷上演，令身為教練的我難以忽視。出於個人和職業上的原因，我開始透過訓練、練習、研究、故事和指導學員，期望找到通往「足夠」的康莊大道。這也是心理學、精神科學、系統性思考、創新和實踐交融之處。我很幸運一路上獲得許多優秀老師、諮商師、教練、朋友和學員的協助，也期待能透過本書與你們分享我所學到的事。

　　這本書是個邀請。試想我們一起探索足夠的藝術，並將它作為重回正軌的祕訣時會發生什麼事呢？當我在社群媒體上提出「足夠的藝術」這個概念，我收到了廣大的迴響。人們向我分享故事、訣竅及練習，他們也找到了自己「足夠的藝術」，像是讓內在的聲音冷靜下來，以及如何管理生產力、工作流程和超載的感受，或如何在所擁有、所需要和所消費的事物間找到平衡。從許多方面來說，找到足夠的藝術是個非常實用的想法，這也屬於心理、生理甚至是靈性的範

疇。生活的各方面都須要平衡，包括集體工作以及與人相處
上。許多人都在練習這們藝術，越認識它、談論它、頌揚
它，我們就越能找到集體的「足夠」，並體會其價值。

為何叫足夠的藝術？

　　為何由內而外找到「足夠」是門藝術？因為這是件很個
人的事，做法也不只有一種。每個人對平衡的看法都不同。
你要打造屬於你的「足夠」，我也須要打造我的。每個人都
要踏上屬於自己的旅程，探索內心如何能感到「足夠」。日
常生活中對我來說很困難或有挑戰性的一些事情，對你來說
可能不是。你要找到自己的路，等你找到時就會有所感受。

　　「足夠」是門藝術，因為找到平衡就會有空間讓其他事
物茁壯發展。這是充滿創造性的過程。雖然我們無法預料在
平衡的狀態會出現什麼結果，但將自己從匱乏或過剩解放出
來，就會產生容納新事物的空間。

　　如同其他藝術形式，「足夠」也需要意圖、創造力、紀
律與練習。你可以透過內在資源、最棒的想法、心理狀態、
創造力與能量來探索足夠的藝術。知道如何獲取資源將改變

你的生活方式。本書將提供一些練習，幫助你成為、做到及擁有「足夠」，一種優雅的足夠。就像金髮姑娘*會說的：「這剛剛好！」

足夠的藝術模型

　　足夠的藝術談的是平衡，但要平衡些什麼呢？我認為足夠的藝術模型是，與其說「足夠」是二元的兩端的平衡，不如說是兩個狀態的平衡。二元思考在我們所處的複雜世界鮮少有用，較為準確的建議是，要經常回應衝突及複雜的需求，並從中取得平衡。該模型認為「足夠」的狀態是在「匱乏」及「過剩」之間取得平衡點。「匱乏」可能是內在的：我感到不如人；也可能是外在的：擔心沒有足夠的資源生活。同樣地，「過剩」可能是個人的：我事情做不完了；或是集體的：消耗過多世界的資源。

　　此模型刻意採用動態設計，表示「足夠」是個須要經常調整的平衡。當達到平衡，我們會釋放出旺盛的創造力，就

* 註：金髮姑娘，英國作家羅伯特 · 騷塞（Robert Southey）的童話故事《三隻小熊》（*Goldilocks and the Three Bears*）中的女主角。

如同模型頂部的那盆花那樣，象徵我們能在「足夠」中蓬勃生長、開花結果。

　　足夠的藝術模型顯示，七藝是建立「匱乏」與「過剩」之間平衡的基礎。從底部開始，每個「藝術」都是路標，幫助我們由內而外探索並找到平衡。前三門「藝術」探索成為「足夠」的內在挑戰，第四和第五門「藝術」檢視做得「足夠」的外在挑戰，第六和第七則接著探索擁有「足夠」的集體挑戰。

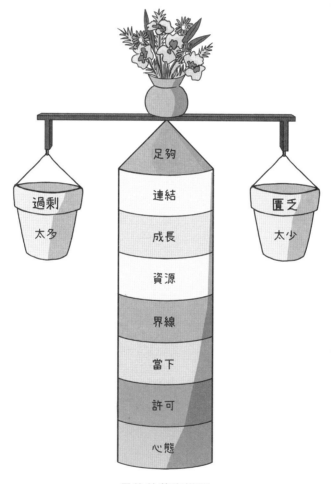

足夠的藝術模型
插圖：Daisy Mojave Holland

本書的每個章節都會探討一門藝術。以下是每個章節的簡短介紹。

成為足夠的藝術

第一藝：足夠的心態——源於富足的思想

你的思想源於什麼樣的心態？哪些根深柢固的信念限制了你對自我與世界的想法？第一藝探討對自己和對世界的信念如何影響我們的想法。我們將檢視這些信念從何而來，以及能如何改變心態。我們將剖析造成不平衡的「過剩」與「匱乏」心態，還有如何打造「足夠」的心態。

第二藝：足夠的許可——找到歸屬感的自由

你對自我能力的感受從何而來？那些在腦中阻礙你、批評你的聲音來自誰？第二藝探索自我認知及能力背後的祕密。分析導致你受過去所困的歸屬感潛規則、如何放下糾結、清楚表達現在對你最重要的事物，你將能選擇成為「足夠」。

第三藝：足夠的當下──如何管理狀態來找到心流

第三藝探討如何在自己身上找到並處於足夠的當下。我們將從神經生物學著手,學習能每天保持在「足夠」狀態中的做法。第三藝也探討如何與身心能量相結合來打造「當下」、安身立命、擁有自信,從每個時刻汲取能量來體現「足夠」。

做得足夠的藝術

第四藝:足夠的界線──和諧的清晰感

二十一世紀是個複雜的數位世界,充滿了不確定性。該如何管理時間、精力及資源,並在有限的時間內發揮己力,面對繁雜事務時不痛苦焦慮?第四藝將探討設立健康界線的好處,學習從複雜適應性系統的本質及現象汲取養分,達到明確的和諧感和進入心流。我們將探討如何在工作和生活間取得平衡。

第五藝：足夠的資源——善用你的力量

　　第五藝探討我們需要哪些資源，才能做得「足夠」。可能是內在的資源，如精力、能力、動力，或外在資源，如時間、支援，或他人的協助。缺乏資源時，我們會因為有太多事要做而感到不堪負荷。第五藝將足夠的資源視為可再生的循環，思考如何避免工作倦怠並茁壯發展，探討可培養哪些習慣來維持「足夠」的健康步調。

擁有足夠的藝術

第六藝：足夠的成長——持續成長的智慧

　　如何以更健康的方式思考成長、有意識地平衡得失？第六藝挑戰一般的認知，即經濟需要指數性的成長，並提出「足夠的成長」模型，讓我們不再沉迷於「多即是好」。本章將探討當代環境經濟及看待成長的方式，使個人、經濟和社會以更永續的方式成長。

第七藝：足夠的連結——凝聚足夠的愛

第七藝探討如何與家庭、工作及所居住的社區共創「足夠的藝術」。探討由內而外產生連結的重要性，包括成為與做得「足夠」的內在感受，也探討與彼此連結的重要性，大到我們與地球和自然世界的連結。當集體互相連結，並與自然重新連結，就能改變與之互動的方式。

練習每一門藝術

每一章探討該「藝術」的內容都會提供案例故事及分析，以生活中真實的例子來講述這些概念。我在每個章節都設計有練習，讓你有機會在閱讀過程中進行反思。我稱之為練習，是因為人生中很少事情只須要做一次，至少平衡這件事肯定不是。我們須要不斷重複，才能在做這些事情時感到舒適及有自信。每個練習都有朵小花或葉子當作路標，象徵著模型中的「足夠」。在練習找到「足夠」的狀態時，你可以收集這些路標，製作屬於自己的花束。

　　本書的最後附有「練習詞彙表」，方便你查閱全部的藝術。根據你的學習方式，你可以隨時停下來做練習，或特意選一天來練習。書中也有許多值得深思的問題，旨在給你時間和空間，思考「足夠」在你的生命與世界中代表什麼。

成蟲細胞：從奮力到茁壯

　　整本書中，我採用的靈感是源自大自然轉變的隱喻——毛毛蟲破繭成蝶。蛻變最令人驚訝的事情之一就是毛毛蟲蛻變成蝴蝶的細胞其實一直都存在牠體內，它們叫做「成蟲細胞」（imaginal cells，imaginal也有「想像、創造」之意）。毛毛蟲在生命之初完全沒意識到有這些細胞。在生命前期，牠僅專注於填飽肚子。接著，毛毛蟲開始結蛹，融化成所謂的「有機湯汁」。此時，擁有創造新結構、成為蝴蝶能力的成蟲細胞就會啟動。這個關於改變的隱喻充滿力量——我們從一開始就擁有蛻變的潛力，只是經常不自知。

在尋找足夠的藝術的路上，這個意象能激起我們很大的共鳴。每一門藝術中，甚至每個人內在，都有「成蟲細胞」——我們乘載的知識和潛力在找到「足夠」時就會激發出來。新聞記者麗貝卡・索尼特（Rebecca Solnit）也從這個意象汲取靈感，她說：「**成蟲細胞**讓我們成為最棒、最有遠見、最具包容力的人，讓我們在二十一世紀初期能度過種種難關[5]。」

每個章節的最後都有帶著成蟲細胞蝴蝶的圖片，那是我認為該藝術的核心。當我們學著成為、做到及擁有「足夠」，同時啟動成蟲細胞，或許就能擺脫生活方式中許多的努力，並開始由內而外茁壯，就像蝴蝶一樣，為自己帶來喜悅和驚喜。

第一部

成為足夠的藝術

第一藝：足夠的心態
源於富足的思想

我這個世代最大的發現，就是人們可以透過改變心態來改變人生。如果你能改變想法，你就能改變人生[1]。

威廉・詹姆士（William James）

　　在第一藝中，我們將探討「足夠」的心態。有時，「不足夠」可能會以眾所周知的冒牌者症候群面貌出現；有時，這可能是種無能感，覺得自我價值感低落、不夠聰明或仁慈等等，例子不勝枚舉。以下，讓我們一起來看看如何將心態從「匱乏」或「過剩」轉為「足夠」，以富足的角度來思考。

　　我們將探討：

- 心態的力量
- 匱乏心態——對不足的恐懼
- 過剩心態——對太多的恐懼
- 足夠心態——相信富足
- 了解自己的心態
- 如何重整心態

心態的力量

　　約翰直直地看著我，眼中充滿了淚水。

> 貝琪，問題是，我根本不知道自己怎麼有資格做這
> 分工作，我一直很擔心自己做不來。我感覺自己像
> 個冒牌貨，總有一天會被拆穿假面具。我好像穿著
> 大人衣服的孩子，幾乎每一刻都感到害怕極了。

我的客戶是間知名律師事務所的執行長，過去三年內，他將公司規模擴大了兩倍。當我提醒他這個事實，他只是輕描淡寫地說：「那不過是運氣好罷了。現在，股東們希望我繼續擴大規模，老實說，我覺得自己根本不夠格做這件事。我感覺自己像個騙子。」

會有這種感覺的絕不是只有約翰一個人。你是否曾感到自己不夠好？只是僥倖得到工作，必須非常努力，別人才不會發現你根本不知道自己在做什麼？至少我自己是這樣的。有時當我要做某件事，即使做過非常多次，我還是能聽到腦中一個小小的聲音說：「蒼老又渺小的我何德何能可以做這個？我又知道些什麼？」如果這是暫時的，像重要活動來臨前，因為緊張而這樣想是沒關係的。「如果我絆倒／忘記台詞／說錯話該怎麼辦？」這樣想能讓人保持謹慎，並專注於當下。但如果做任何事情都受到這個聲音支配，就比較令人

憂心了。

　　每當我談到足夠的藝術，「覺得不夠好」這句話常會先激起人們的反應。我會看到認同的微笑，甚至是「天啊，沒錯！我從不覺得自己夠好！」這樣的回應。對各階層的許多人來說，努力似乎是感覺良好的必備條件。對許多人而言，冒牌者症候群是真實存在的問題，幾乎每個跟我談過話的人都經歷過類似的問題。當然，這不僅限於「不夠好」。每個人都有自己認為缺乏的東西。有些人是認為自己懂得不夠多，有些人則是認為自己不夠強壯、不夠正確、不夠成功、不夠有創意、不夠條理分明、不夠有經驗、不夠有活力，或不足以被接納。這些內在信念的共同點是因為我們相信有某些原因，使我們缺乏成為「足夠」的條件。

　　潛在的內在信念形塑了我們是誰、做什麼及決定我們能做到什麼。在我的教練生涯中，我一再看見客戶對自己的核心信念會大幅限制或拓展他們對自己的認知，以及做事情的能力。你的信念會發揮決定性的力量。當你的想法是認為自己不足，你會不斷用其他方式來彌補這個不足。如果你相信世界很險惡，缺乏你所需要的資源，就會影響到你如何與世界互動。

　　「心態」[2]一詞最初由卡蘿・杜維克（Carol Dweck）所提出。杜維克是一位心理學家，致力研究信念如何影響人們達成目標及克服挑戰的能力。杜維克認為：「心態為人們腦中的流水帳提供一個架構，指導詮釋事件的整個過程。」

　　杜維克提出兩種心態來定義人們面對生活的方式──「成長心態」以及「定型心態」。定型心態指人們相信自己的技能、智力及能力是有限的，他們無法控制這些資源，而且可能比別人多或少。正是這樣的心態，讓人們認為自己有所匱乏。杜維克的研究發現：「定型心態會導致一種迫切感，讓人們覺得須要不斷證明自己。」

　　相反地，成長心態代表相信自己的基本素質，如技能、能力和智力，是可加以培養的起點。有了這種心態，我們相信自己能成長、發展，從錯誤或成功中學習，並讓別人得以幫助我們。我們會將困境或挫敗視為挑戰，而非侷限──那不代表我們做不到，只是須要換一種做法。馬賽爾・普魯斯特（Marcel Proust）為此做出優美的總結：「真正的發現之旅不在於尋找新風景，而在於擁有新眼光[3]。」與其將挫折視為無法克服的阻礙，不如在其中尋找可能的解決方案。

　　讓我們來看個實際的例子。當時我正在輔導一位極富才

華的年輕女性，她告訴我：「我沒辦法應付這分工作，我沒有其中要求的經驗。」我們談到了心態，於是我邀請她採取成長心態，從中找尋解決問題的方法。她的焦點因而從自己的不適任，轉向該職位的目的，以及她能貢獻些什麼。這讓她想到：「我的適應能力不錯，也很擅長與人互動，是這個職位需要的。或許我可以試一試。」

　　如果像杜維克所說的，心態會影響人們詮釋事件的過程，那麼這將會在我們探求足夠的藝術之路上扮演重要的角色。我們該如何重新平衡自己的「不足夠」或覺得生活有太多要求的看法？從足夠的藝術模型中，可以看見「足夠」是「匱乏」與「過剩」之間的微妙平衡。背後的心態是哪些？又是什麼定義了我們在尋找的「足夠心態」？讓我們來一探究竟吧。

「匱乏心態」：對不足的恐懼

　　「匱乏心態」的潛在信念認為，各種資源都是有限且稀少的，擔心資源會有用完的一天。這類似於杜維克提出的定型心態，但更勝之，甚至認為我們的能力與世界也是如此，

所有資源都會耗盡，無法補充再生。諷刺的是，這可能導致人們囤積更多，使得問題更加惡化。拿取過多資源會造成惡性循環，使資源分配變得不均，系統失去平衡，更強化了不足感。

匱乏心態源於恐懼，因此會引發恐懼反應──戰鬥（以獲得資源）、逃避（無法面對恐懼），或凍結反應（因為無能為力而陷入癱瘓）。若我們的心態如此，就會覺得一切都不夠。我們不可能「足夠」，也沒有任何人可以。世界險惡，我們得做好準備、保護自己，於是我們擔心、囤積、比較。

就我來說，處於這個心態時，我發現腦中批判的聲音變大了。自己首當其衝地感到資源不足，然後就開始轉嫁到別人身上。處在匱乏心態時，我聽見了恐懼、批判和限制的聲音：「我不能」「她不能」「我不應該」「他們不應該」「我們怎能？」當我聽到自己腦中的這些聲音，或別人說出這些話，我就會問：「這個『應該』到底屬於誰的？」

匱乏心態也會讓冒牌者症候群悄然滋長。潔薩米・希伯德（Jessamy Hibberd）在《冒牌者症候群》（2019年，商周出版）一書中如此描述道：「如果你無法拿出最佳表現，就

會感到羞愧、焦慮，並誤認為自己能力不足、才華不夠……你以害怕失敗和自我懷疑為驅動力，只要自己失敗，就會被人們發現。」因為覺得自己不夠好而拚命努力，這將會導致嚴重的焦慮感，並極大地限制你的能力。希伯德是一位臨床心理學師，擅長協助患有冒牌者症候群的人們。她從工作經驗中發現，冒牌者症候群源自於我們的信念、心態。

匱乏當然不單單是指冒牌者症候群：「匱乏心態」可能讓我們相信自己什麼都不夠。當我們處於不夠的狀態，幾乎每天都充滿比較後的匱乏感。「我運動得不夠」「我睡得不夠」「我時間不夠」「我才華不夠」「我的房子不夠大、車子不夠好、薪水不夠多」。若採用「匱乏心態」，我們在任何方面都不可能成為或擁有「足夠」。處於這樣的狀態下，我們會與他人比較，對世界產生非黑即白的看法 —— 他們有，我們沒有；他們偉大，我們渺小。我們會感到貧乏，覺得沒有「足夠」的資源可滿足需求。這種心態將世界上的資源看作一個大蛋糕，吃掉了就沒有了，而我們須要為自己的那分奮鬥，害怕自己和別人擁有的東西會用完，或是從一開始就不夠。

「匱乏心態」也深信有所謂「正確」的存在方式。這種

完美的存在方式是我們根本不可能達到的，我稱之為完美主義的詛咒。如果相信世界上有完美的存在方式，那我們就會永遠期待落空、永遠不夠好。這對建立自我形象是個災難。完美只是個幻想，一件不可能達到的事，甚至可能變成一條用來苛責自己的鞭子。抱著「匱乏心態」生活須要付出高昂代價，不斷害怕自己不足夠是非常累人的。不僅如此，它還會奪去我們的快樂。

「匱乏心態」作祟的例子

我在新冠肺炎全球大流行的期間寫下這本書。我注意到，在這次疫情之下，人類生命和生活方式都受到巨大挑戰，還有些人非常容易陷入「匱乏心態」。第一次封城時，空空如也的超市貨架就是個鐵證。人們在恐懼的驅使下，用最原始的本能來保護自己。這些都是很人性的，我也不例外，每個人都是這樣。

剛開始封城時，百業蕭條，我會花上數小時看商業預測，反覆推敲自己的商業準備金可以撐到什麼時候，但事實上，我的工作量一切如常。每次這樣做之後，我就能安心幾

個月，然後又忍不住再去做這件事。我困在恐懼的漩渦，更糟的是，我覺得無法與他人連結，或尋求幫助來脫離這個狀態，我感到既丟臉又孤獨。這正是「匱乏心態」在作祟，在意識到這一點後，我沒理由不開始改變。

過剩心態：對太多的恐懼

現在，來看天秤的另一端——過剩心態。在這裡，一切都太多。有太多事要做、太多要思考、太多要學習。我們須要保護自己，不受這個飢餓又貪婪的怪獸侵犯。牠總想奪取我們的時間、資源和精力，這也是恐慌、焦慮和壓力的來源。我們感到精疲力竭，任由一股更大的力量擺佈，卻無力抵抗。這個心態也基於恐懼。為了保護自己，就必須將困住自我的牆給推開。

這裡說的威脅不是缺乏資源，而是感到被其他人的需求所吞噬。這是界線問題，因無法守住自己的界線而感覺被淹沒了。如字面上的意思，我們感到無力，被太多的要求所支配，而這些是我們不能控制的。我常常想到《綠野仙蹤》中的西國魔女，她象徵著這種淹沒感。當一桶水致命地淹沒

她，她逐漸溶解並尖叫著：「我在溶化！」在複雜變動的世界中，數位產品使人們能隨時聯繫彼此，也讓過剩心態變得猖獗。

數位時代帶來了巨大的效益（尤其是在全球的疫情下），卻也帶來了挑戰。智慧型手機讓人們隨時處於可聯繫的狀態，讓人覺得須要隨時做出回應。根據研究顯示，有53%的人會因為「失去手機、手機沒電、餘額不足或因為沒有訊號」而感到焦慮。臨床上，甚至有種焦慮症叫做「無手機焦慮症」，指一個人沒有或無法使用手機而產生焦慮或恐慌的狀態[5]。過剩心態使人們隨時處在壓力狀態，要回覆的需求似乎永無止盡。在本書的第四和第五藝中，我將會探討該如何面對這種心態帶來的挑戰。

「過剩心態」作祟的例子

唐納是我以前的一位輔導者，他在運輸業擔任資深營運經理。唐納發現他在傍晚或週末時，十分難以從工作中抽身。他告訴我，每天早上五點起床時，第一件事就是檢查他的手機。他一直感到有壓力，而且無法停下來。當時我們正

試圖解決這個問題，直到有一次，他談到一件讓他產生巨大改變的事。

他鍾愛的岳父走了，他是唐納在過去三十年婚姻中一直深愛且尊敬的人。喪禮過後，他們來到高爾夫俱樂部進行聚會，他說那是個適合岳父的美好地方。接著他發現工作用的手機不見了。手機一定是忘在了火葬場。他驚慌不已，火速離開聚會，回到火葬場的停車場找手機。抵達後，他看見手機的紅光在黑暗中閃爍。那個瞬間，他感到鬆了一口氣，但隨之而來的是巨大的內疚和悲傷。只因為擔心沒有手機會無法聯繫工作，他將妻子獨自一人留在岳父喪禮後的聚會，錯過了向深愛的岳父致敬的儀式。這一刻，唐納有了很深的領悟，這給了他巨大的能量與專注力，重新平衡自己的心態，找到屬於自己的「足夠的藝術」。

足夠的心態：相信富足

足夠的心態落在天秤的中間，奠基於對富足生活的信念，能將我們帶離兩端的恐懼。在「匱乏」和「過剩」這兩股強大力量間保持平衡可能很誘人，且容易讓人覺得處於中

間「還不錯」。但實際情況絕非如此——那更加複雜，也更令人感到有希望。

首先，讓我們重新檢視「足夠」的定義。「足夠」是圓滿的所在。「足夠」是生意盎然的狀態，乘載著延展性、成長及抱負，使人們能發揮自己的潛力，不受判斷力的限制和拘束。「足夠」是優雅平衡的狀態，在這種狀態下，存在與行動完全處於平衡，深深地互相連結在一起。足夠的心態為我們提供了一種存在和信仰的方式，這種方式的泉源是愛與富足。萬物皆足夠。我們做得足夠。我們即是足夠。

我在學習和實際研究的過程中，曾與數百位客戶合作，找到了三個組成足夠心態的元素。

足夠的心態#1：足夠源自愛，而非恐懼

足夠的心態基於一個信念，即存在本身就值得愛，包括我們所有的缺點與天賦。當然，我們能改變和成長，但從最初的起點來說，我們是我們自己這件事本身即已足夠。塔拉・布拉克（Tara Brach）稱之為「全然的自我接納」[6]。對很多人來說，學習接納自己，甚至更進一步愛自己，要花費

很多心力。我的父親曾經告訴我，恐懼的解藥是愛，對此我深有同感。當我感到害怕，我發現自己更容易批判自己和他人。當轉換到足夠心態，則可以將恐懼轉化為愛。我們是可愛的，而且要用愛對待自己。這可以改變我們對不「足夠」的恐懼。當我們愛某件事或人，我們會對他們仁慈，希望他們學習、成長、發展良好。

從足夠的心態出發，我們會體認到，缺點不是永恆不變的，僅是可學習之處。我們犯的錯不是天天發生，而是過去曾經發生。如果在某件事上沒有做到最好，不是因為我們的能力有問題，而是因為那天的狀態不佳。如果在某件事上的表現不是特別出色，不代表沒救了，僅是在嘗試。有時，這就夠了。若情況不是這樣，我們可以試著做得更好，就算不完美也坦然接受，因為人類本來就不完美。

 ## 練習一：欣賞

發現自己有哪些值得欣賞的地方是個很有用的練習。有充分證據佐證這個練習有正面影響，能幫助你從「匱乏」轉

向富足的狀態。專注在自己的價值以及人生，無論那有多麼微小，都會讓你欣賞自己，而不是缺少了什麼。

- 每天記錄下你欣賞自己的三件事。
- 感激自己所做過的事。認可自己的努力，是對抗完美主義小妖怪的好方法。
- 這也能延伸至你與其他人的互動，或人生中令你感激的一些事。認可這些事有多棒，喚醒我們感恩的心。

　　經常練習欣賞自己，在每天的小小片刻體會到快樂能讓我們堅定地處在足夠的心態。當認為自己完整富足，就能面對人生的各種挑戰。正如瑪雅・安吉羅（Maya Angelou）所言：「你本身已足夠，不須要向任何人證明任何事。」

足夠的心態#2：認可事件本身並專注於當下

　　足夠的心態源自欣賞世界的原貌，而不是它應該如何。在《最後一次相遇，我們只談喜悅》（2022年，天下雜誌）一書中，達賴喇嘛和大主教戴斯蒙・屠圖教導我們任何改變都是從認可事情的原貌開始。他們說：「我們不可能透過否

認某件事存在而成功。接受事實是所有改變的唯一起點。」

　　認可事情的原貌，指的是要從當下開始，而不是從一個理想化的觀點開始。有了足夠的心態就會發現完美是個幻想，所以脫離它的魔爪吧！我們當然能追求卓越，但要知道，試著做到最好的行為本身就已「足夠」，在做事的過程中可以進入心流，不須要一直逼迫自己做得更多、更努力。

　　精神分析師與作家唐諾・溫尼考特（Donald Winnicott）提出了有名的概念——夠好的母親，他的研究揭露何謂母親對於嬰孩的健康反應[8]。他觀察到母親的主要職責是察覺到寶寶當下的需求，並給予協助。當我成為家長，我曾想：「我才不想只是夠好，我要當超棒的家長！」那時我不明白溫尼考特所說的，其實隱含了更深層的必備條件。要滿足嬰孩的需求，給他們對他們而言的「夠好」，需要不少技能和心力。母親除了須要注意當下情況、認同每個嬰孩都有不同且獨特的需求，更要同理和注意這些需求，更甚於自己的想法和感覺。溫尼考特讓我們明白，當一個母親給得不多也不少，剛好滿足嬰孩個別的需求，孩子的心理就能健康成長。這讓我們從成功和失敗兩個對立的概念脫離出來，通向更具包容性和智慧的想法——成為「足夠」是茁壯發展的起始點。

足夠的心態#3：世界是足夠的，資源可以再生

　　足夠的心態認為生命模式是一種豐饒的更新。當我們處於平衡的狀態，只要給予空間，耗盡的資源就會更新。我們的再生藍圖來自於自然的週期性循環模式，就像年輪的轉動般，春日新生後冬眠便接踵而至。我們也生活在循環中，餓的時候要吃飯，累的時候要休息。

　　當我們進入了這個模式，學著相信它，就會發現愛與富足帶來的信任能取代「匱乏」與「過剩」帶來的恐懼。我們擁有的、提供的及攝取的都足夠，需要的也會自然更新。如果能相信這一點，我們便能感到放心，知道有足夠的資源能提供我們所需。

如何辨別你的心態

　　以上探討了「匱乏」「過剩」和「足夠」三個心態影響足夠的藝術甚鉅，現在來探討如何辨別你的心態，以及能做些什麼來改變它。許多人都用自動導航模式在生活，沒有注意到自己的心態，更別提挑戰自己潛在的信念。部分是因為

這讓人們感到安心。就像路人問在魚缸裡游泳的金魚：「這水怎麼樣？」而金魚回答：「什麼是水？」我們如此熟悉自己的信念，要怎麼知道還有其他可能的做法？

在很小的時候，我們就發展出一套對自己和世界的理解，這受到複雜的生長背景所影響。當然，我們的想法也會隨著經驗改變。本來擔心沒辦法做到某件事，在達成之後會發現其實自己做得到。但經驗不一定會影響最深層的信念，除非我們開誠布公地談論某個信念，否則很難挑戰或選擇自己對世界的看法。

關鍵在於開始注意到自己的模式，如此你將可以有意識地選擇。要做到這點，可留意以下三件事：

1. 你對自己所說的話。
2. 你所使用的言詞。
3. 你的情緒。

一、你對自己所說的話

內在信念可能深埋在我們心中，而大腦喜歡熟悉感以及規律的做事方法。關鍵是開始聆聽並注意腦中的這些聲

音，找出你的內在信念。想像你的想法實際上真的是不同的聲音。皮克斯動畫電影《腦筋急轉彎》將各種人類情緒擬人化，創造出不同的角色，生動地闡釋了這點。有時你可以將想法大聲說出來，或是寫下來。藉由賦予你的想法生命，讓你能注意到自我對話，如自己能做些什麼、不能做些什麼。

我的筆記本中記錄了幾個例子：

「如果妳現在舉手發言，會看起來像個白癡。」
「這裡的每個人懂得都比妳多。」
「妳根本不知道自己在幹嘛。」
「妳永遠也做不到那件事，因為妳不夠聰明。」

注意到這些聲音後，你就可以開始辨認出自己的模式，還有自己所做的假設。就我來說，分析以上的聲音，讓我能快速發現這些聲音都來自恐懼，是「匱乏心態」在作祟。接下來你要問：「我在臆測些什麼？」刻意使用動詞是為了強調我們能做出什麼改變。很多時候，我們所做的假設並不來自自己，而是其他的人事物（我們會在第二藝中探討這點）。

南希‧克林（Nancy Kline）教練在《思考時刻》（暫

譯。*Time to Think*）[9]一書中，將其稱為限制性假設，這會阻礙人們，使「思考者的想法無法進一步流動」。辨認出這些想法後，克林提供了一個能改變這些「限制性假設」的絕佳方法。

這個方法就是「提出犀利的問題」。我在下方練習中提供了流程大綱，並加入了「足夠」的元素。

 練習二：提出犀利的問題

- 找出有哪些限制性假設。寫下自己的想法，或是請別人（可以是教練、同事、朋友，或克林所謂的「思考夥伴」）認真地傾聽你表達想法，並將你的想法複述給你聽，幫助你找出話語背後的假設。
- 你（或你的思考夥伴）接著要問：「我的限制性假設是什麼？」
- 比如說，我的限制性假設是：「我不夠聰明，不能發表意見」。
- 「你不夠聰明，不能發表意見，你覺得是真的嗎？」

- 你可能會回答：「嗯……其實不是真的」。這樣一來，你就發現了一個限制性假設。你抱持的這個內在信念其實不是真的。

- 一旦找出了限制性假設，就可以思考用「足夠的心態」以及言語來表達。我們不是在尋找對立的意見，非黑即白的方式沒有太大助益。我們在找的是相對應的信念，以不同的方式看待事物。你的思考夥伴可能會問你：「你覺得怎麼說會更貼近事實？有什麼令人解脫的替代方案？怎樣才能『足夠』」？

- 你可能會回答：「其實，我充滿好奇心和熱情。」

- 接著提出自己的犀利問題，大概會像這樣：「如果你了解自己（放進「足夠」的信念），那麼你可以做些什麼？」

　　在這個例子中可能是這樣的：「你了解自己充滿好奇心和熱情，那麼你可以做些什麼？」

- 問自己犀利的問題。說出或寫下答案。持續提問，直到沒有東西可寫或可說。很神奇地，你將會發現答案非常不一樣。

- 選擇其中一個答案，練習重複它。這有助形成新的假設，以與你足夠的心態相一致。

二、你所使用的言詞

要隨時察覺自己心態的第二個線索，就是不只要注意你說什麼，還有說話的方式。正向心理學之父馬汀・塞利格曼（Martin Seligman）在《學習樂觀・樂觀學習》（2009年，遠流）[10]一書中討論到悲觀自我談話的影響。他的研究發現，人們很容易受到三個P的吸引。這三個P分別是：

- 個人化（Personalization）：無論發生什麼，都是我的錯。「為什麼我這麼笨？」
- 廣泛性（Pervasiveness）：因為生活中有一件事不如意，人生中的所有部分一定也不如意。「我沒辦法做好任何事。」
- 永久性：你現在所面臨的挑戰永遠不會結束。「我永遠都不可能學會這個。」

你會發現上述例子中，每個P都充滿了搬弄是非的言詞。

當你開始聽到自己使用自責的、批判性的、永久性的言詞，就可以猜到自己正處在「匱乏」或「過剩」的心態。

 練習三：自我對話的模式

1. 先從注意腦中的聲音開始。
   - 當你聽到批判的聲音，寫下它在說些什麼。
   - 這個批判性的聲音用了什麼樣的言詞？
   - 你是否回到了三個P的假設？
   - 這個聲音的語調如何？
   - 你聲音背後的心態是什麼？
2. 現在用「足夠的心態」邀請一個新的聲音。
   - 這個聲音會跟你說些什麼？
   - 這次所使用的言詞和語調是怎麼樣的？
   - 將它寫在第一個聲音旁邊。
3. 練習用「足夠」的聲音來代替批判的聲音。
4. 注意採用這個替代聲音的影響，將它寫在前兩個句子的旁邊。

三、你的情緒

　　另一個發覺自己心態的關鍵是注意你的情緒。在任何時刻，面對眼前的挑戰，你的感受是什麼？舉例來說，如果注意到害怕的感受，就有助於你判斷自己正處於「匱乏心態」。如果感到有太多事要做，你可能處於「過剩心態」。這些都須要練習。

練習四：觀察情緒

　　觀察情緒時，試著深入細節。

- 你到底感受到了什麼？
- 這個感受存在身體的哪個位置？
- 身體上發生了什麼變化？

　　我們會在第三藝中深入探討感受對於身體的影響。但現在，這個練習可以幫助你習慣注意自己的想法和感受，找出是什麼心態影響你對世界的體驗。

學習回歸足夠的心態

足夠的心態是一種平衡，是種動態平衡，須要不斷地調整。我們在一天中可能須要重新平衡數次，尤其是要打破舊思考習慣和根深柢固的信念系統的時候。好消息是，我們完全可以改變心態。在過去數年的研究和工作經驗中，我學到了改變模式的關鍵，並以下面的流程作為總結：

1. 注意
2. 停下來反思
3. 選擇
4. 重整

回歸足夠心態的第一步是運用偵探般的好奇心，注意到自己的模式。從自己身上，你能夠蒐集到哪些關於自己和世界的假設？你注意到自己的感受是什麼？根據這些資訊，你採取的心態可能是什麼？你的想法從何而來？你須要有意識地審慎思考。這個做法須要你時時留心，注意、注意、再注意。當你完全掌握了判斷心態的藝術，就能停下來反思，給自己一個選擇，有意識地改變你的想法。你能掌控自己相信

可能的事。選擇足夠的心態，你就選擇了相信自己和世界是富足的。你選擇相信你是「足夠」的。

足夠的心態總結

- 心態是我們對自己和對世界信念的基礎。
- 「匱乏」和「過剩」心態都來自恐懼。
- 恐懼的解藥是愛。
- 冒牌者症候群來自「匱乏心態」。
- 足夠心態建立在自我接納、愛與富足之上。
- 你可以透過注意自己的假設、言詞和情緒來找出所處的心態。
- 你可以提供自己替代選項來改變心態。
- 改變心態的順序是注意、停下來反思、選擇和重整。

擁有足夠的心態，所帶來轉變性的潛力是⋯⋯

⋯⋯培養富足

第二藝：足夠的許可

找到歸屬的自由

除非你同意，不然沒人能讓你感到自卑。

愛蓮娜・羅斯福（Eleanor Roosevelt）[1]

　　在第二藝中，我們將探討許可自己成為「足夠」是什麼感受，還有是什麼讓我們覺得自己沒有這個許可。我們將檢視如何放下過去的自我，承襲過去的態度和意見會阻礙我們相信自己在此刻「足夠」。我們將探討如何找到歸屬感，獲得成為「足夠」的自由，用自己的方式成長茁壯。

　　我們將探討：

- 為何足夠的許可很重要？
- 你的期望是什麼？
- 歸屬規則
- 你承襲了誰的信念？
- 有捨才有得
- 你的身分、目的與價值
- 自我許可帶來的自由

為何足夠的許可很重要

　　蜜雪兒・歐巴馬在自傳《成為這樣的我》（2018年，商業周刊）[2]中提到，她是來自小鎮貧困工人階級的年輕黑人女

性，對抗人們的成見是個漫長旅程。家庭給了她信念，但別人對她的低期望，讓她感到須要從自身找出信念的源頭。她不再內化別人歧視性的、覺得她不夠好的信念，轉而給自己許可、相信自己的潛力。從常春藤盟畢業並找到一流的工作後，她終於能說：「我夠好了嗎？沒錯，我夠好了！」在其他方面，她說：「我學到，只要堅持自己的信念和價值，遵循自己的道德標準，那麼你只須對得起自己的期待[3]。」她學會了許可自己茁壯成長。

我的第一分職業是演員，在全女性的陣容中扮演哈姆雷特於全球巡迴演出。每次講到這些有名的台詞都是很有趣的，因為這些台詞太有名了，很難讓人聽起來耳目一新。其中一個有名的例子就是：「生存還是毀滅，是個值得考慮的問題」（To be or not to be, that is the question）。即使說過上百遍，每次說這些詞的時候，我仍感到有深深的共鳴。我尋思將這個句子放在許可的情境下，可理解為「成為自己」的許可、成為或不成為「足夠」的許可。

用許可這個詞是因為我們經常感覺找到平衡很難，認為自己不被允許達到平衡。足夠的許可旨在探討根深柢固的感受與糾結，即使我們的確是在努力練習足夠的心態，感受仍

會讓我們受到「匱乏」或「過剩」心態所困。如我們所知，思考不是全部，感受也很重要。耶魯大學「快樂的科學」（Science of Happiness）計畫主任勞麗・桑托斯教授（Dr Lauri Santos）將其稱為「GI Joe悖論」（GI Joe Paradox）[4]。即使知道某件事是真的，除非人們開始有所行動，否則不會有任何改變。知識只是整體的一部分。我的教練朋友麥可・卡希爾這樣說過：「你無法用想的來解決感受的問題。」「匱乏」和「過剩」所帶來的一連串感受非常強烈，除非能辨別並清楚闡述，否則感受會一直附著於我們的信念之上，保持強而有力的支配性。

對自身與世界抱持的假設和信念，經常讓我們糾結於「匱乏」的狀態。我們對這些假設和信念所提供的熟悉和歸屬感感到安心。就算不再是我們抱持的信念，它們仍刻在我們的思考中、存在於習慣中，須要一番努力才能擺脫。許可自己成為「足夠」，向過去的「匱乏」說不，向未來的富足說「Yes」。我們須要深入檢視自己的信念和假設，這一次，不要只用腦袋思考，還要用心體會。

讓我舉個親身經歷吧。在1980年代晚期，我意識到自己是同性戀。當時的環境都在向我傳達一個訊息 —— 同性

戀要不是罪大惡極，就是個大問題。我出櫃時，身邊親友告訴我，我「選擇」了一條艱難的道路，我的職涯發展、組建家庭的未來以及人生機會都將受到限制。當時的社會和法律都是這樣告訴我的。當時愛滋病猖獗，這個所謂「同性戀的疾病」殺死了成千上萬的男同志，當時第二十八條（*Section 28*）仍有法律效力，代表在英國「提倡同性戀的生活方式」是非法的，即便身為同性戀是可接受的事，更是完全合理、真誠的生活方式。於是，我學會在工作場合避免談論這件事（私下則不會，這要感謝愛我的家人朋友）。當然，那已經是30年前的事了，看看現在時代的變化！我們本來擔心兩個青少年女兒會因為由三個同性戀家長（老婆、摯友Johnty和我）共同扶養而受到霸凌，但她們從來不羞於談論此事，除了偶爾覺得解釋很花時間而已！過去幾年，我也在自我接納方面做足了功課，學著重新建構從小到大不斷接觸到、根深柢固的恐同觀念，學著真正成為自己。但是……花了這麼長的時間，直到現在，假如有人在工作場合問我，我「老公」的工作是什麼，我還是會感到猶豫。

　　在那些時刻，我會感到全身緊繃，充滿了羞愧、孤單及無法歸屬的恐懼。認知上，我重新設定了信念體系及心態，

但在心裡，我仍然須要每天練習，提醒自己是可被接受的、我也有資格得到歸屬。在那些時刻，我須要從自己寫下的許可中汲取力量，成為我自己、成為「足夠」。

選擇與過去的信仰體系斷開連結能帶給我們選擇和行動的力量，接受重新形塑對自己和世界觀點帶來的不適感。這也是為什麼許可非常重要。我這裡所說的許可，不是成就自我或被接納這麼簡單。足夠許可是在於擁有成長、發展、成為最好的自己、茁壯的自由。衝破自己或他人設下的界限，認知到我們「足夠」，許可自己盡情閃耀。

幾個世紀以前，聖奧古斯丁寫道：「人們出國去，讚嘆山之高、海之深、河流之長、海洋之浩瀚、恆星之運作，卻對自己不以為然[5]。」我很愛這句名言，它提醒我們，外面的世界或許很令人讚嘆，但我們須要向內看，才能發現自己內在世界的「浩瀚」、我們喜樂的「運作」、讚嘆真實的自己，並從中找到自由，這是通往內在宇宙的旅程。一旦我們這麼做，就會給自己帶來一種身心靈獲得許可的感受，允許自己向源源不絕的富足說Yes。

你的期望是什麼？

　　讓我們開始釐清自己的期待，還有這些期待從何而來。是什麼讓你相信自己能不能做到某件事？你對自己能達成的事有著什麼樣的期待，或說希望？我合作過的許多人都很清楚自己的人生目標是什麼，這裡是指職涯規劃與人生安排。我也遇過很多的合作對象，他們從來沒想過這件事，只專注於眼前的事物，把握手上的每個機會。在某種程度上，無論你是哪一種都沒關係。每個人都不同，會用不同的方式找到自己的路，而且可能會在人生的不同時刻換邊站。然而，正是在我們想達成些什麼，但無論出於內在或外在因素都感到窒礙難行時，就須要探索深層的信念。這些信念從哪裡來？屬於誰？對我們是否還有用處？是什麼阻止你達成內心最深層的渴望？

　　成年後，我花了很多時間練習降低別人想法對我的影響，專注於感受內在所帶來的「足夠」。對某些人來說，不從他人、工作、地位、表揚中，而是從心底相信自己「足夠」是個挑戰。容我強調，這些期待經常來自早期的人生經驗，在意識到這些經驗之前，我們會一直陷入糾結。舉例來

說，我家有四個兄弟姊妹，我排行老三。我們家很重視學業成就。我的哥哥姊姊在學業上都很優秀，使當時的我活在他們的陰影下，試著用自己的方式獲取關注（通常是透過大吵大鬧）。這個傳統讓我覺得有必要證明自己「聰明」和拚命追求成功，直到我開始探索為何要如此努力，我才意識到自己的歷史模式是為了尋求關愛和注意而拚命。因為忘不了那些事帶給我的感受，我不斷鞭策自己達到更高成就，為了那些不再適合我的事情「變得成功」。我意識到，成為「足夠」的許可必須來自我自己。

　　人生教練蓋伊・漢德瑞克（Gay Hendricks）在《跳脫極限》（2020年，久石文化）[6]一書中談到他發現的一個稱之為「上限問題」的現象。他描述，這是一種當人們準備好進入成功與成就的新境界，會無來由破壞自己前景的模式。對自己潛力缺乏內在信念會讓人們無法達成能做到的事。我在工作中也觀察到這一點，在職涯發展和其他方面都是這樣。我們的信念涵蓋的不只是職涯，還可能限制了我們做各種事情的能力，不論是尋找和維持關係，或是在運動場上達成自己設下的挑戰。要捨棄一輩子抱持的信念，需要深刻的洞察力和巨大的勇氣。

歸屬規則

接著來探討是什麼讓我們在某些時刻停滯不前吧。你對自己的期望是什麼？聽到這個問題時，你想到了誰？這是你的期望，還是別人的期望？當我們思考想要達成的事，經常會發現腦中有其他影響，可能來自父母、兄弟姊妹或老師，或幼年時期對我們有巨大影響的人（無論是好是壞）。

約翰・惠廷頓（John Whittington）在《系統輔導與星座》（暫譯。*Systemic Coaching and Constellations*）[7]一書中寫道：「人類最深層的需求是歸屬感。」他接著說：「歸屬感只能在與他人相處時，或在關係體系中發生。」想想你曾經屬於的第一個體系——原生家庭。無論是成文或不成文的規定，當時有哪些歸屬的規則？在長大過程中，哪些事獲得了家族的認可、微笑？又有哪些事會讓長輩皺眉，或完全禁止？無論我們喜不喜歡，很多深層的信念都來自年幼時期的影響，若沒有加以檢驗、挑戰，我們很可能背負著這些觀念過一生。在心理學上，這叫做「銘印階段」。人們百分之九十的價值觀和信念是在十歲以前形成。有些觀念可為我們帶來巨大的動能及深遠的力量，但有些也可能沒有幫助。對

自身和世界抱持的想法是兩個關鍵信念，可限制或賦予我們
能力。

 練習五：歸屬規則

這裡有一個非常實用的方法能運用在你的生活中。

- 回想你的原生家庭，在紙上畫一個正方形。
- 在正方形中寫下「歸屬的規則」—— 家庭當時的信
  念及所有潛規則。那些可能是：「工作要認真」「不
  要把人生看得太嚴肅」「不要隨便談論感覺」，或是
  「如果不同意某件事，要告訴對方，說出來總比悶著
  好」。除了行為，這些規則也可能是家庭的期待，像
  是：「只有兒子能在家族企業裡幫忙」「我們家的人
  不上大學」，或是更明顯的標籤，如「我們是軍人家
  庭」或「我們是基督教家庭」。
- 現在思考無法歸屬的規則，無論是明說或暗示的。同
  樣地，這可能是行為，如「當眾大吵大鬧」「炫耀」
  「工作不夠認真」，或人們做的事：「母親去上班」

「不信教」「抽菸」。將這些寫在紙上的正方形外面。

- 檢視這些正方形內外的規則，在仍然影響你、你有意無意相信為真的規則下方畫底線。
- 這個練習也適用於你參與過的其他重要體系，包括學校、信仰社區、朋友團體、工作過的組織等。當時，那些地方歸屬的規則是什麼？

這個練習有助你釐清並察覺人生中所挑選出來並持續堅守的歸屬規則。有些會持續滋養你、帶給你正向的認同感。有些在過去某些時刻可能很有用，但不再對你有幫助。你很可能已經有意識地打破這些規則，這代表你將拋棄家族的規則。像是家族中第一個上大學的人，或長大後職涯發展比父母更成功的孩子。家族成員可能會感到很驕傲，但通常離家讀書的人會有一種脫節感，彷彿拋棄了原生家庭，產生強烈的孤獨感和難以歸屬感。察覺到對曾經參與的體系是否忠誠是很有用的。

要進一步了解這如何影響我們的經驗，此體系方法的創始人伯特・海靈格（Bert Hellinger）教導我們每個體系都有

所謂的「良知團體」（conscience group），其道德規範支持了內部的歸屬規則。良知團體會深深影響我們相信哪些事是可接受的（讓我們感到無辜）或不可接受的（讓我們感到內疚）。如果我們在人生中想做的事破壞了家庭體系中良知團體的規則，那麼我們會感到內疚；如果遵循家庭體系中良知團體的規則，那麼我們會感到無辜。海靈格說過：「沒有罪惡感，就沒有成長[8]。」意思是我們有時須要打破良知團體或過去體系的歸屬規則，才能在當下成長、茁壯。這麼做時可能會感到內疚，因為我們對曾經的歸屬不再忠誠。

協助我這方面研究的一位導師琳恩・史東尼（Lynn Stoney）在解釋良知團體的強大影響力時，舉了恐怖分子為例[9]。若某人犯下滔天大錯，如放炸彈殺人，只要這件事和他們的良知團體信念一致，他們在自己眼中就是無辜的。對他們而言，犯下這樣的滔天大錯是可容許的，因為犯案理由忠於良知團體的信念。如此極端的例子當然還會受到其他層面和因素影響，但這顯示人們在良知團體的影響下，能犯下多麼嚴重的罪行，還認為自己是清白的。G.K.卻斯特頓（G.K. Chesterton）曾寫道：「士兵打仗，不是因為他們痛恨眼前的敵人，是因為愛身後的一切[10]。」這種內疚和無辜感，比起道

德規範，與對良知團體的歸屬感和忠誠度更有關係。這個例子顯示這些信念有多麼深沉，在多大程度上帶給我們行動的許可。

　　現在談談你自己。海靈格指出，轉換體系意味著忠誠度的轉換。處在熟悉的體系時，你了解潛在的歸屬規則，無論是否明說，你都遵守這些規則。你始終是清白的。當你試著改變架構或進入一個新體系，表示對離開的第一個體系來說，你必然會變得有「有罪」。這些潛在的忠誠關係讓我們停止做出長期的改變，除非我們了解這些是什麼，不然就會一直對第一個體系維持「盲目的忠誠」。

　　從一個體系轉換到另一個時，我們可能會感到不忠甚至內疚，而內疚可不是個舒服的感覺。想改變是一回事，但感受又是另一回事。改變的能力會受限於能忍受不適、內疚和巨大孤獨感的能力。有時候，選擇舊的忠誠體系更簡單也更舒服，讓我們有熟悉的歸屬感。過渡時期並不容易，一開始我們會感到非常不舒服，但如果想穿上新皮鞋，就得經歷磨腳的過程。一旦磨了幾次，鞋子就會變得合腳，我們也會在新的生活方式之中安頓下來，再次獲得歸屬，並做出對現階段我們而言有益的決定。

你承襲了誰的信念？

　　讓我舉個例子來闡述可能的情況。才華洋溢的法蘭西斯是個大型組織的執行董事，她在快四十歲時發現自己在會議上經常受到同儕和行政團隊CEO的漠視，所以希望從我這裡獲得指導。一開始，她詢問了如何改進自己的儀態、聲音、肢體語言，讓她在發言時能獲得重視和傾聽。我問她為什麼想從改善這些方面著手？她解釋道，她想提升自己的權威性和氣場，成為一個「受到資深男同事尊敬的董事」。

　　開始合作後，我想知道她是否仍對過去體系中的事物效忠，導致她無法對自己的權威性感到安心。起初，我問她從家庭體系中獲得了哪些力量。

　　　　「看到妳成為大公司的董事，誰會對你微笑點頭？」

　　　　「噢，那一定是我的祖母，我爸爸的母親，她一直都很相信我。」她馬上回答。

　　我們將一支馬克筆放在地板上，代表信任她的祖母，這給了她力量。

「那沒有人傾聽妳時，妳是對誰效忠呢？」

她不假思索地說：

「我媽媽。她總是告訴我要安靜、去房間裡、到旁邊去。她不想要我製造麻煩。她從來沒在外面工作過，我覺得她也不相信我會。我是全家第一個上大學的人，離家時只有十八歲，從那時起就一直獨立生活到現在。我依然覺得她認為我沒有成功的資格。到現在我還能感受到她的不信任。」

我們在地上放了一支馬克筆代表她的母親。

「那麼，妳覺得這兩個女人，誰說得對？」
「兩個都對。有時候我覺得自己是個大人物，很有責任感，但有時候覺得自己像個小女孩，有話卻不敢說出口。彷彿有兩個我似的。」

隨著我們拆解她的經驗，法蘭西斯意識到一部分的她對於母親的世界觀效忠——女性本來就不工作，在世界上沒資格發聲，這反映了她母親的人生經驗。另一方面，她的祖母

（父親的母親）並沒有那樣的觀點，一直認為法蘭西斯會實現遠大目標。

我們試著理解她的家庭體系，讓法蘭西斯有機會感謝祖母對她的信任，認可這仍是她生命中的資源，即使祖母已不在人世。法蘭西斯也意識到她仍抱持著母親的信念，認為女人沒有權利發聲，這正阻礙著她。於是我們一同想出法蘭西斯想對母親說的話，向母親的代表物訴說，以尊敬的方式將這個信念還給母親。

> 媽媽，我知道我擁有過妳從來沒有的工作和人生。妳的經驗讓妳相信女性不應該工作。我會保留自己的想法，並以最大的尊敬，將妳的想法留給妳。我學著在組織中做一名資深領導者，接受自己的權威性。希望妳能對我微笑。

歸還責任並要求對不同道路的祝福，這個簡單的認可行為將產生深遠的影響。

伯特・海靈格將這個全面性觀察的工作稱為「回歸人生的流動與愛」，方法是「連結因錯誤而分開的事物，分開因錯誤而連結的事物。」這個例子中，法蘭西斯一直有意無意

地背負著母親的信念，阻礙了她對自身權威性的信任，懷疑自己是否被許可去擔任職位。她必須打破從小到大的歸屬規則、創造新規則，在新的內在歸屬體系中成長。我們要改善的從來都不是聲音問題。從潛在的信念中解脫出來後，法蘭西斯的氣場變得更強大了。

 ## 練習六：潛在的忠誠關係

　　試試這個方法。寫下自己能做哪些事？不能做哪些事？以及抱持哪些信念？。現在，思考這些問題：

- 以這個信念行動時，誰會對你微笑？
- 維持這個信念時，你在對誰效忠？
- 這個信念是否仍對你有益，還是在阻礙你？
- 這個信念是你的還是別人的？
- 為了成長，你想要放下哪些信念？

　　當我問這些問題，人們通常很快就知道限制他們的信念從何而來。這幾乎是一種直覺、一種意感，一個他們代表和背負了很久的東西。你可能也會發現它。如果你意識到正

在對不屬於你的信念、過去的某個人效忠，或是不想再背負對你無益的信念，你可以用非常尊敬的方式，將它還給那個人。你不用再背負它了。你可以繼續保留屬於你、對你有益的那個部分，讓信念回到適合它的地方。那麼你就能自由地面對未來，從過去所屬的體系汲取資源而不被其限制。

這是足夠的藝術的深度實踐。所持的信念經常讓我們感到有所匱乏，或須要做某些事情，才能得到愛與認可，不經意地將我們推向「匱乏」和「過剩」導致的感受。要平衡足夠的藝術，甩開糾結、自在自足地生活，有時須要回顧並拆解過去深植的信念，因為這些信念不再為真。許可自己在當下成為「足夠」，才能持續成長茁壯。

有捨才有得

我很喜歡這句話：「有捨才有得。」無論是信念、限制性假設、過去的糾纏，如果能辨認並放下執念，就能讓新的事物湧現。在《U型理論》（暫譯。*Theory U: Leading from the Future as it Emerges*）[11]一書中，奧圖・夏默（Otto Scharmer）將這個過程稱為「自然流現」（presencing）。打

開你的身心靈，接受其他的可能性，從這個狀態開始讓未來湧現。在第二藝中，我們將重點探討放手的過程。

　　從天秤「匱乏」的那一端或「過剩」的另一端，進入到「足夠」的狀態，擁有開闊的心胸和意志，就能開始重新創造可能。

　　現在，是時候判斷你到底有哪些許可。想像你在創造新的跳板，掌握你有能力做到的事，學著去相信。過渡期就像是同時有兩個收音機，一個新的，一個舊的。隨著時間過去，你能將舊收音機的音量轉小，將新收音機的音量轉大，直到有一天，你只會聽到新收音機的聲音。用這個方法，你將創造出中性的道路，成為現在的自己，這點我們將在第三藝中詳細探討。我喜歡用「許可單」（permission slips）一詞來思考這個過渡期。你還是孩子的時候，須要父母簽許可單才能參加校外教學。你想教導自己什麼樣的新意念？你正在進入的新體系又有哪些歸屬規則？

練習七：許可單

回到先前在本章做過的練習，在一張紙的中間畫個正方形。

- 你現在的人生中有哪些歸屬規則？目的性的規則會讓你許可自己成為和做得「足夠」。如果這個規則有用處，將它們寫到你的「許可單」上。
- 有哪些東西或規則是你很想放到正方形外面的呢？你可能會想和這些規則道別，感謝這些規則在過去為你提供幫助，不過對現在的你不再有用了。

釐清你能做和不能做些什麼、想成為什麼、想如何達成目標，從內在信念來看，可能有點強人所難，但你也可能感到驚喜。越能清楚表達和意識到想達成的事，這些事就會離你越近。你對此有掌控權，因為這是你的人生。這是自我實踐的深層樣貌──實踐靈魂想成為的模樣，而不是自我所渴望的。

你的身分、目的和價值

要清楚表達「足夠許可」——你想在這個世界上成為什麼樣的人——其中一個方式是釐清你的身分、核心目的和價值觀。你可以將這三樣東西想成一個階層。當我們知道要來世上做些什麼（核心目的）以及原因（價值觀），就會知道自己是誰（身分）。區別這些能讓人看得更清楚。當它們攪和在一起，我們可能因此卻步。舉例來說，如果價值觀變成了身分，那麼我們的信念會成為自己，這將嚴重地限制你。例如，有些人的身分完全建立在政治信仰上，導致他們覺得永遠無法改變觀點或以不同的方式成長。以下，讓我們一起來探討如何清楚表達核心目的及價值觀、了解自己是誰、身分為何。

核心目的

核心目的能協助你闡述意義，如你存在的意義。你可以將它當作指南針或你的北極星，讓你在「足夠」的國度中穩定平衡。在《從目標出發的領導》（暫譯。*Leading from*

Purpose）一書中，尼克‧克雷格（Nick Craig）描述道：「目的為人生的挑戰帶來意義⋯⋯有目的的人，無論是否有人支持都會堅持下去，並且會想盡辦法達成目的[12]。」目的處在「足夠」的狀態中，也就是天秤的中間。目的源自於內在，從根本上來說，是對我們整個人的真實寫照——我們所想、所感受、允許自己所能成為和做到的。這是足夠的藝術的精妙之處，學習有捨才有得能讓你保持平衡。

　　你可能聽過阿佛烈‧諾貝爾的故事，就是創設諾貝爾獎的那個人。但是在1888年，也就是他死前七年，諾貝爾從來沒想過要建立頌揚人類偉大努力的國際獎項。在他弟弟過世後的某天早上，他坐在早餐前並打開了報紙，驚訝地發現他在讀自己的訃聞。巴黎一家報社記者將弟弟誤認為他，並為他寫了篇訃聞。猜猜標題是什麼呢？——〈死亡販子之死（法文：*Le marchand de la mort est mort*）〉。在那時，諾貝爾以製造和販賣炸藥聞名，他曾是個軍火販子。諾貝爾對於他留給世人的印象感到震驚，於是，他有意識地要改變這點。他用剩餘的生命，將大部分財產都奉獻於建立獎項。不過，大多數人不會有如此赤裸面對真相的時刻，但我們值得停下來歇息片刻。就像瑪麗‧奧利弗（Mary Oliver）在她美

麗的詩〈夏日〉（*The Summer Day*）所寫的：「告訴我，在這狂野又珍貴的一生，你打算做些什麼[13]？」

　　以寬廣的視野看待這個問題，能幫助你清楚表達自己的身分和目的。以更宏觀的眼光來看，想像你的工作生涯到了盡頭，或是過完了一個高齡的生日，你會想因為什麼事而受到感激？你想因為成為什麼人而聞名？（這是你的身分）你想因為做了什麼事而聞名？（這是你的目的）問題不在於外在的認可，在於你自己是誰，許可自己去做而不只是夢想它，是真切地擁有它。丹尼爾・平克（Daniel Pink）在《驅動力：關於激勵的驚人真相》（暫譯。*Drive: The Surprising Truth about What Motivates Us*）[14]一書中描述他對於內在動機的研究，他發現「深受激勵的人，更不用說最具生產力和滿意的那群人，都將自己的渴望繫在比自身更大的理念上」。試著用貢獻的角度來思考你的目的——你回饋了什麼給這個世界？

練習八：核心目的

1. 據信，米開朗基羅說過：「對大多數人而言，最危險的不是目標太高達不到，而是目標太低，我們已經達到了。」給自己一點時間，將貫徹核心目的這件事放在一邊，進入與自身深深連結的時刻。

   現在，思考這幾個問題：

   - 你的核心目的是什麼？請讓想像力和抱負自由奔馳。
   - 你最大膽、最崇高的抱負是什麼？你想為世界帶來什麼樣的改變與貢獻？
   - 把它寫下來。

2. 如果你的抱負聽起來太偉大，別擔心，把它當作你獨一無二的貢獻。我在做這個練習時，發現我的目的是：「支持個體、組織和人類，並在人們的生活和我們的世界間恢復平衡。」寫下這件事讓我感到有些尷尬，我開始聽到來自「匱乏心態」的冒牌者聲音：「妳以為妳是誰啊？」但我凝視著這個抱負越久，越

感覺它是真的。所以我寫下行動的句子：「我將會支持個體、組織和人類，並在人們的生活和我們的世界間恢復平衡。」

- 將你的核心目的寫成你將付諸行動的句子。

3. 最後一步是連結目的與日常生活，讓目的保持真實感，而非崇高或遙遠。對我來說，這代表「我要開始重新平衡自己。」

- 加上一句話，連結你的目的與日常生活。

現在，當我感到不平衡、因「匱乏」或「過剩」而不堪其擾，我會提醒自己我的目的是什麼。

這能讓我回到「足夠」的意感中。我將行動寫下來，貼在我的書桌上，我的身分和使命感便從目的中油然而生。這戰勝了我腦中所有的聲音，而且感覺是對的。

了解你的價值觀

知道自己想做些「什麼」，能幫你辨認「為什麼」。

我們在本章談了很多信念，而你的價值觀就是對這些信念的明確闡述。我們知道你可以選擇從不屬於你的信念中解脫出來，和那些不適合你身分或目的的事物保持距離。

 練習九：價值觀

- 寫下十個詞，描述對你而言最重要的東西是什麼？你想怎麼活？什麼東西對你而言最重要？假如你是一根拐杖糖，裡面會寫些什麼？
- 這些詞可能是以人為導向（如家庭、友誼、社群）或行為導向（信任、連結、創意）或情感導向（愛、慷慨）。如果覺得這很難，你可以在網路上找到很多的「價值觀清單」，協助你著手開始。
- 寫下十個以後，試著去蕪存菁，留下其中五個。這個過程有助你理解什麼是更重要的。
- 現在唸出你的名字，接著說「我相信」下列的價值觀。感受你和這些價值觀的共鳴程度。你的價值觀可作為內在的羅盤，識別出它們能讓你的眼光更透澈。

　　我發現在人生中不時做這個練習很有幫助，至少我很好奇自己的價值觀變化。我在二十五歲時認為很重要的事情，到了五十歲可能就不那麼重要了。雖說如此，我的價值觀出乎意料地沒什麼改變，仍然是愛、富足、創造力、包容性和連結。這是自我身分和對世界信念的組成要素，無論是對我個人或職業都是如此。價值觀從我的身分和核心目的滿溢出來，形塑了我的生活方式。

自我許可的自由

　　格倫農‧道爾（Glennon Doyle）在《野性》[15]（暫譯。*Untamed*）一書中寫道：「會不會我根本不需要你的許可單，因為我本來就是自由的呢？」將你想做的事情寫下來或排序以實現核心目的，這個簡單的動作能帶給你自由。你正在改寫你的劇本。如此一來，從內在汲取許可，就不須要依靠其他人帶給你「足夠」的感受。重新設定你的忠誠對象，不再盲從不合時宜的信念，而是對現在能幫助你的信念效忠。

　　這一章有許多練習是向內探索，回顧你的過去，活在當下，面對未來，用有益和令你感到自由的方式前進。為不

再糾結的信念、目的和價值觀寫下許可單，每天早上花幾分鐘，在每一次呼吸中重複這些內容。你可以重設自己的神經系統，給自己足夠的許可成長、茁壯，發揮你的潛力，就像蜜雪兒‧歐巴馬一樣，你將能夠誠實地說：「我夠好了嗎？沒錯，我夠好了！」

足夠的許可總結

- 我們經常對自己和世界抱持的深層信念沒有自覺。
- 我們容易受到信念和假設的制約，因為它們可提供熟悉感和歸屬感。
- 將信念攤在陽光下並思考它們從哪裡來能帶給我們力量，因為我們可以選擇。
- 打破不再適用的「歸屬規則」會令人感到很不舒服，但這對改變和成長是必須的。
- 一旦放下舊的限制性信念，我們就獲得了創造自己身分、核心目的和價值觀的自由。
- 清楚表達和接受自己是誰、在這裡的目的和最重要的事情，能建立內在的「足夠」感。

擁有足夠的許可，所帶來轉變性的潛力是……

……獲得做自己的自由

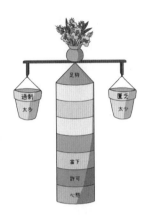

第三藝：足夠的當下

如何管理狀態以進入心流

足夠的俳句

在一切之後

我依然在這裡

呼吸每一刻

這趟旅程到目前為止，我們探討了如何透過想法與感受找到「足夠的藝術」。第三藝將納入身體和生理的影響，探討神經生物學在各個時刻的實際作用，尤其是在壓力狀態下身體的直覺反應。這也須要了解精力本身及其如何影響當下。我們將探討如何與全身連結，還有為何這對你「在當下感到足夠」的狀態很重要。

我們將探討：

- 「在當下感到足夠」帶來的好處
- 我們對風險的本能反應
- 透過心腦連結找到「在當下感到足夠」
- 透過「在當下感到足夠」來駕馭緊張感
- 重塑神經系統，活在當下
- 神經可塑性──改變你的想法
- 了解荷爾蒙與腦內化學物質

「在當下感到足夠」帶來的好處

「足夠」在你體內是什麼感覺？你在哪個部位能感覺到

它——頭腦、心臟還是其他內臟？這些問題聽起來可能很奇怪，但人生體驗其實深受生理的影響。想要擁有「在當下感到足夠」的感覺，必須探索如何創造內在凝聚的狀態。這個空間一致且平衡，位於「足夠」之處的中心，每時每刻皆然。哈佛社會心理學家艾美‧柯蒂（Amy Cuddy）如此定義當下：「能自在表達自己真正的想法、感覺、價值觀和潛力的狀態。」處在這個狀態時，「語言、臉部表情、姿勢和行動都會保持一致」。我們言行合一且專注。這種內在匯聚與和諧會讓你產生共鳴，因為它是真實的。這也讓我們具有**說服力**[1]。「在當下感到足夠」體現本書目前為止探討過的一切。它是身心的平衡，是實現我們目的、價值與潛力的連貫運作系統。

　　我在好幾年前接受演員訓練時，和同伴花費很多時間研究「舞台魅力」這件事。為什麼有些演員在台上總是比較吸引人呢？他們活力的背後，有什麼特別的祕密呢？這個問題不只適用於演員，也適用於任何人。是什麼讓特定領導人、政治人物、運動員、社群中的朋友和同事，擁有這種妙不可言的舞台魅力？從演員的訓練中，我學到了舞台魅力來自於全心投入當下。演戲時，我們會進入生命暫停的狀態，完全

融入角色之中，如此全心全意，所以在那個片刻，沒有任何想法或干擾能讓我們脫離平衡的狀態。這需要極強的專注、集中和精力。你須要對所做的事非常精熟，不必過度專注於事情本身，才能自由運用精力與當下的時刻連結。

「當下」不只對演員重要，對每個人都一樣重要，我們都須要活在當下並與他人連結。我們想在每時每刻做真實的自己，讓別人看見我們真實的樣子，而不是因焦慮、壓力或其他事情而分心的樣子。可以全心投入當下與做手邊的工作，感覺不到時間飛逝，心理學家米哈里‧契克森米哈伊（Mihaly Csikszentmihalyi）將這個狀態稱為「心流」[2]。

這個練習不僅充滿樂趣、可激發生產力，還能創造愉悅感。你的內在會相互連結且一致。你會真正感到「足夠」，並向身邊的人散發出這樣的氣息。這就是「在當下感到足夠」能帶給我們的好處。

或許你也會跟我一樣，有時候光是起床就感覺「狀態不佳」，因為莫名的原因難以平衡或感到「足夠」。有些日子裡，我可能已經做了規律的練習，試圖從心態和感覺方面來找到「足夠」，但總覺得哪裡不對，感到有點焦慮，無法停止大腦過度思考，處在「匱乏」就是「過剩」的狀態，無法

重新平衡。或是一整天下來，事情明明進展得很順利，一切都很美好，直到有件事激怒了我，讓我失去平衡。可能是別人的請求讓我備感壓力，或某人跟我說話的方式改變了我原本平靜的狀態。在這些時刻，我們就須要探索生理影響，了解如何在這個狀態中展現足夠的藝術，辨認出身體（頭腦、心臟和其他內臟）發生了什麼事，練習回到平衡的狀態，回到當下。

　　回顧足夠的藝術模型，「足夠」是平衡、富足、自由和歸屬之處，是在「匱乏」（恐懼、缺乏、焦慮）和「過剩」（超載、上癮、渴望）之間保持泰然自若。「當下感到足夠」這個狀態旨在由內到外用感覺找到平衡。實際上，它是個生理狀態，可以透過心態與許可方面的努力獲得改善。我們的生理是高度動態的系統，每一刻的每個呼吸、每個心跳都在改變，因此了解身體原始的運作方式很重要。讓我們一起來探索自己與生俱來的生理反應會產生哪些阻礙，了解有哪些方法能讓自己進入「足夠」的狀態吧。

「小心！」我們對風險的本能反應

　　二女兒在蹣跚學步上下樓梯時，一次只會走一個階梯，而且每走一步我們都會說：「小心！小心！小心！」（這不是因為我們是特別愛擔心的父母，另一個女兒跑跳碰的程度好比神風特攻隊！）我常想，這應該是身體機能的緣故。人類的大腦本是為了保護我們、避免可預期的風險而存在。因此，相較於正面訊息，大腦更傾向接受負面、可能帶來潛在危險的訊息。

　　對風險的快速接收和反應力，讓人類得以生存好幾個世紀。住在野外的狩獵和採集族群，每天都會面臨到威脅生命的危險，這對他們的存活至關重要。但是，現代人並不須要每天面對生死關頭，所以我們必須學習如何管理風險反應。如創傷臨床醫生彼得・萊文（Peter Levine）所說：「大多數人不再居住於洞穴，但我們仍保留對潛在威脅的強烈預期，無論是對同類還是狩獵者……支配人類的恐懼因存活的實用性仍存在人類的基因中。這種難以根除的恐懼會阻礙人們回到平衡的正常生活[3]。」諷刺的是，比起身體本能想抵擋的威脅，壓力反而是現今最大的健康殺手。在二十一世紀，相較

於被野生動物殺死，更多人死於壓力相關的疾病。現在，我們須要對自己的警覺保持警覺，才能保護自己。如果將人類比喻為電腦，我們正運作著相當古老的系統。人類像電腦一樣，有時也須要進行軟體更新。當我們學習活在當下，就會獲得許多力量來改變反應。如此一來，我們在人生中也會擁有更多的選擇權。

　　當我們須要掌控全場，卻因為恐懼無法在「當下感到足夠」，身體會發生什麼事呢？如果你像我一樣，曾在演講或報告時腦袋一片空白、對某人說的話過度反應而破口大罵，或在面對壓力時想逃跑、躲到棉被裡，那麼歡迎你來到人類的世界！這是我們面對危險的本能反應，我們須要了解這些本能，才能學會如何主動將系統冷靜下來並重整。我們將從立即觸發恐懼的事物開始探討，接著討論其他體內的恐懼模式。其實，我們在觀察體內系統如何回應風險時，首先要看的不是大腦，而是生理的中心、情緒與生命的泉源，也就是我們的心臟。為此，我們得暫時換上生物學的腦袋，但這麼做很值得，因為了解生理系統的運作能給自己自由，在重要時刻找到平衡。

透過心腦連結，在「當下感到足夠」

　　了解心臟及其對大腦運作的影響，有助管理每一刻的狀態。面臨壓力時，心腦連結是回歸「當下感到足夠」的鑰匙。讓我們從關於心臟的有趣事實開始說起吧。心臟是身體最大的肌肉，每天大約跳動十萬下。心臟有自動節律性，代表它不依賴大腦的指令而跳動。實際上，心臟傳遞給大腦的信號反而更多，其對思考方式帶來的影響，尤其是在偵測風險方面，遠比我們預期得多。心臟隨時以跳動的方式向大腦傳遞訊息，告訴大腦我們是否正處於危險之中。

　　美國心能商數學院（HeartMath Institute）多年來致力於研究心跳的重要性和對大腦的影響[4]。杜克‧齊德瑞（Doc Childre）和黛博拉‧羅茲曼（Deborah Rozman）在《轉化壓力：解除憂慮、疲勞和緊張的心理學方案》（暫譯。*Transforming Stress: The HeartMath Solution for Relieving Worry, Fatigue and Tension*）一書中對此有詳細的描述[5]。他們發現心臟是人們回應潛在危險的首要器官。心臟會向大腦傳遞訊息，接著觸發威脅反應，而不是像人們一般認知的，由大腦向心臟傳遞訊息。這點對管理壓力反應很重要，因為

關注的重點將會不同。我們可以透過觀察心率變異（簡稱 HRV）來了解心臟在向大腦傳遞什麼訊息。

　　HRV是每個心跳之間的間隔。心臟不是節拍器，每一拍不完全相同。心肌須要保持彈性，才能在需要時快速跳動（如趕公車的時候），或是慢下來（如休息的時候），因此心跳速率是會變化的。越高的心率變異數字，代表心臟越能加快或放慢速度，面臨不同情境時都能保持彈性。測量心率變異時會看到一條曲線，就是在醫院讓人膽戰心驚、發出嗶嗶聲儀器上的曲線。這條曲線會顯示心率變異的模式以及心臟是否連貫有序地跳動。這種連貫性對大腦的反應至關重要。如果心率變異是連貫的，那麼曲線會呈現圓滑狀。

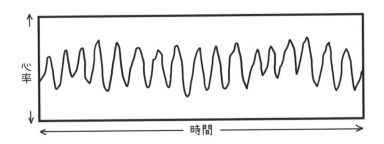

　　如果心跳是不連貫的，那麼曲線看起來會不同，像是處於高度戒備、準備好要打架的三劍客——「各就各位！」

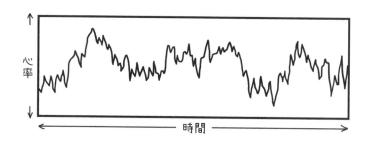

　　想像你在搭計程車，有這兩條路線可以選擇，你會想搭哪一輛？一個是平穩和緩的體驗，另一個則是急剎急停，不連貫的劇烈震動。如果心臟平穩地跳動，傳遞給大腦的訊息是一切都很好，不須要擔心任何風險。反之，當心臟開始不平穩地跳動，大腦會接受到相反的訊息，也就是我們正處於危險中。

　　心臟不連貫地跳動會觸發大腦中的杏仁核。杏仁核是位在邊緣系統（有時也稱作「黑猩猩腦」）的皮質下中樞的一

個小區域。它的形狀像杏仁（因此叫做杏仁核），位在形成與儲存記憶的海馬迴之上。杏仁核雖小，卻非常重要，它控制了我們對危險的立即反應。杏仁核好比大腦的警報中心，一旦觸發它，就會消耗大腦大量的精力並支配大腦的其他部位。就像是為了獲得關注的幼童跳上跳下在撒野，它以此來達到目的。此時，大腦其他部分的影響力會減弱，而杏仁核則提供出三個選項——戰鬥、逃跑或僵住。

在《EQ》（2016年，時報）[6]這本書中，丹尼爾・高曼提出了「杏仁核綁架」一詞，這正是我們的感受，感覺像是被綁架了，無法控制自己的反應，而是受到自我保護本能的支配。杏仁核被觸發時會製造腎上腺素和皮質醇（後期會產生得更多）等荷爾蒙，使我們做出反應。我們會像其他哺乳類動物一樣有戰或逃的本能，或是留在原地不動以避開危險。假如今天有隻熊要攻擊我們，或是過馬路時有公車突然駛來，這樣的反應是很有用的。在那樣的時刻，我們不希望大腦浪費時間來思考和生死存亡無關的事情。當一輛公車突然向你駛來，你不會想：「早知道今天就穿跑步鞋了，我現在應該脫鞋奔跑，還是忍受穿鞋奔跑後可能帶來的水泡呢？」你唯一的反應會是：「跑啊！」這樣才能保護自己安全。但

如果今天觸發杏仁核的原因是要和某人談論重要的事情、公開發表言論，或是某人在會議上貶損我們的觀點，這種反應就比較沒有幫助了。在那些時刻，戰鬥、逃跑或僵住並不能帶來什麼幫助，而是需要腦中一個叫做「前額葉皮質」的區域來進行控制。

前額葉皮質位於大腦前方，又稱為「人性的大腦」，是人類大腦比其他靈長類動物發達的部位，掌管著決策、語言、目標設定、判斷合理性、計畫以及解決問題的能力──這些都能讓我們擁有清晰思考的能力。它就像大腦的「執行長」。大衛・洛克（David Rock）在《順著大腦來生活》（2022年，大牌出版）[7]一書中如此描述前額葉皮質：「這是你與世界互動的生物意識中樞。」前額葉皮質對於思考至關重要，它掌管了人類的思考方式，讓你不至於用「自動駕駛」模式過完一生。

當杏仁核被觸發，大腦的其他部分，包括前額葉皮質，會將注意力分給更重要的需求以保護自己的安全。當心臟開始不連貫地跳動，向大腦傳遞我們有危險的訊息，大腦的能量就會離開前額葉皮質，聚集在杏仁核附近，使我們用本能反應。

　　在這樣的情況下，我們能如何脫離本能的控制，重新「在當下感到足夠」呢？別忘了，這種反應是因為心臟不連貫跳動所觸發的。要讓前額葉皮質重新掌舵最快的方式是，有禮貌地邀請杏仁核冷靜下來。關注你的心臟，使其和緩、平穩地跳動。這要怎麼做呢？很簡單，運用呼吸即可。使用深度的腹式呼吸，讓肺部充滿空氣，心臟就會認為：「如果有足夠的時間可以深呼吸，代表我們不可能處於危險中。」那麼心臟就會再次和緩平穩地跳動。實際上，我們平均需要三到五個深呼吸來恢復平穩心跳。如果想要，你也可以將注意力和能量傳遞給心臟，有意識地讓它知道，你並沒有處於危險中。想讓大腦與身體重新連結，可以透過呼吸讓兩者保持和諧連貫。我們的生理系統都是相互連結且協調的。呼吸能讓心臟平靜下來，改變心跳的方式和傳遞給大腦的訊息，進而改變大腦對於我們是否處於危險的判斷。

 ## 練習十：連貫的呼吸

　　以下是連貫呼吸技巧的總結。這是一種在當下保持眼睛

睜開也能使用的技巧，當你注意到自己被杏仁核綁架，隨時都可以使用。

- 將注意力放在心臟區域，關注你心臟的平穩跳動。專注在其他事物而非風險上是凌駕杏仁核反應的一個好技巧。
- 深吸一口氣，數到五秒，接著吐氣五秒。你會感受到腹部微微隆起，肺部充滿了空氣。深吸氣和深吐氣的時間一樣長，可啟動主動式冷靜的狀態。如果你感到恐慌，延長深吐氣的時間將有助你啟動「休息和消化」反應。
- 重複這個呼吸模式五次，或越長越好。你不用讓別人知道你正在做這件事，但這能改變你在當下的反應。讓心臟恢復平穩連貫跳動，你就更有能力處理眼前的事物。
- 這個方法極其實用。只要每天練習，就能在需要時立刻派上用場。

　　如第一藝和第二藝中提到的訣竅在於自我察覺 —— 注意、注意、再注意。重要的是注意到你被杏仁核綁架了。這

要怎麼做呢？當意外來臨，身體會出現許多信號。你可能感到口乾舌燥、燥熱流汗（尤其是手部和脖子）、心臟怦怦跳、顫抖或腹部緊繃。或者說不出話、憤怒到無法專注在想要說什麼上，或是想哭、想跑走或躲起來。留意你的反應是情緒性的還是生理性的，然後呼吸，規律地深呼吸。在當下，張開眼睛，讓心臟接手剩下的工作。正是在這樣的時刻，你可以用這個絕佳的方式進行恢復。你不須要離開現場去冥想二十分鐘，無論是在會議中、眾目睽睽之下，或進行困難的對話時，你都可以透過呼吸把自己帶回「足夠的當下」。我的一位輔導者喜娜，描述了她使用這個技巧進行恐懼已久的對話及其帶來的影響。

> 結果棒極了！我當時處於恐慌狀態，什麼話都講不出來。我想起來要好好呼吸，結果幾分鐘內，我恢復了專注力。我感到冷靜、腦袋清晰。那個瞬間，一切彷彿回復了原狀。

我在教導輔導者改變心率變異與連貫呼吸的技巧時，他們總驚訝於心率變異能快速改變。短短幾秒內，從連貫變成不連貫，反之亦然。我們的生理是個精妙的平衡系統，會

不斷地調整、接收信號進行反應。思考「在當下感到足夠」時，要記得這是極其動態的系統。在一天中，我們不會進入「足夠」的狀態後就一直保持不變。我們每時每刻都在改變，足夠的藝術旨在認可這件事，並在一天中隨時保持敏銳度以重新平衡。

透過「在當下感到足夠」來駕馭緊張感

我們總須要在生活中的某些時刻表現良好。無論是重要的工作或私人場合，須要優異表現的時刻都讓我們感到緊張和激動，這很正常。緊張感能帶給你能量以處理眼前的事物。透過呼吸讓心臟冷靜下來是駕馭緊張感和能量的方法之一，讓緊張感不至於成為你的絆腳石。這也是進入心流與被杏仁核綁架之間的差別。

回到演戲的話題上。在劇場巡迴演出的那些年教會我如何為「足夠」的狀態做好準備。每場表演開始前兩個小時，整個劇團會在舞台上集合，做些暖身、伸展的動作，當然還有聲音以及呼吸練習，如之前提過的連貫呼吸法。在重要場合，如果你的心臟跳得比平常還要快，那是很正常的。

　　重點在於心跳是否連貫（記得連貫心跳的平滑曲線）。均勻地深呼吸能讓我們進入主動式冷靜的狀態、保持警覺並準備好在當下拿出最好的表現。因為處於「足夠的當下」，我們能運用緊張感，而不是被它綁架。聲音教練帕齊・羅登伯格（Patsy Rodenburg）如此描述：「它是連結你與外在世界的內在能量。受到威脅時，它對你的存亡相當重要。它也是人們之間親密感的核心⋯⋯完全專注於當下，你會表現得最好，留下最令人深刻的印象[8]。」

　　如同其他事情，越是練習這個技巧，你就越能在需要的時刻隨心所欲使用它。連同你計畫要做的事一起，練習你希望進入的狀態。學會讓心跳保持連貫，培養重新設定「在當下感到足夠」的能力。你的反應將不再來自求生本能，而是有自覺的意識。或許我們都知道，要活在「足夠」的狀態並處於平衡、富足、進入心流，遠離恐懼、焦慮、超載和匱乏，就要關注愛與連結的象徵——心臟。

重塑神經系統，活在當下

　　到目前為止，我們談到了活在當下的重要性和影響，還

有可能產生阻礙的立即性生理觸發因子。我常想，為什麼活在當下（以及「在當下感到足夠」）對人類來說這麼困難？哲學家艾倫‧沃茨（Alan Watts）指出：「我們放棄存在的主要模式是離開身體並撤退到心智裡，進入不斷算計、自我評價、充滿想法、預測、焦慮和評斷的大熔爐中[9]。」失去當下時，我們可能會受到思考習慣的糾纏，感到焦慮或超載。心靈導師艾克哈特‧托勒（Eckhart Tolle）認為，關注過去（擔心、後悔、過度分析事件、反覆咀嚼）或受到未來的牽引（焦慮、計畫、控制）都會將我們帶離當下[10]。

　　在當下保持警覺需要練習和技巧，這是每個人找到足夠的藝術的必備條件。再重複一次，我們須要注意當下發生的事，辨認自己何時失去了平衡狀態，還有如何把自己帶回來。越來越多證據顯示了進行冥想和正念的好處，例如可以提升大腦與身體的功能、保持身心和諧。值得注意的是，研究發現，規律的正念和呼吸練習會改變大腦的結構，尤其是前額葉皮質這個腦中掌管思考的部位。改變包括提升注意力和身體意識、情緒管理及改變自我觀點。透過規律的日常練習，無論是4-4-4呼吸法、正念、冥想或瑜珈，我們都能訓練自己處在「足夠的當下」。無論做出什麼選擇，你都可以找

到豐富的資源來使用。我會建議你規律練習，以培養活在當下的能力。

　　這裡談到的只是生理構造和身體反應的冰山一角。現在，我想討論身體運作的兩個重要層面，來幫助我們處在「足夠的當下」──神經可塑性和荷爾蒙。這兩者澈底改變了我自己和提供給輔導者的練習。這是個非常有效的工具，可以協助輔導者建立並維持「足夠」的狀態，過上更富足豐盛的人生。

神經可塑性：改變你的想法

　　近年的功能性磁振造影和大腦研究指出，神經可塑性（Neuroplasticity）是個實用又充滿希望的發現。神經可塑性這個很長的詞指大腦會不斷改變和成長，代表我們能改變自己的思考方式。大腦的神經元在思考時會進行連接，形成神經通路。早期的神經學家唐納・赫布（Donald Hebb）在1949年提出了赫布理論：「同時發射的神經元會串連在一起[11]。」我們越常思考某件事，該神經通路在腦中就會變得越強。想像你在大雪紛飛的一天醒來，走過杳無人跡白茫茫的雪地，

形成了一條小徑。一天中，其他人也走著相同的路，到了晚上，這條路將會變得十分明顯。神經通路也是如此。我們越常思考一件事，通路也會變得更強壯，代表下次思考同一件事時會變得更容易。這是我們學習、記憶、成長的方式。這也代表，只要重複思考並打造新的神經通路，就能選擇改寫大腦原本的程式。

倫敦大學學院的科學家愛蓮娜‧馬奎爾教授（Professor Eleanor Maguire）發現了神經可塑性的證據，她針對一群計畫成為倫敦計程車司機的受試者進行研究，了解他們參與知名的「知識」（Knowledge）資格測驗前後的差別[12]。知識測驗無疑是個艱困的挑戰，平均備考時間是三年，考生須要熟記城市裡一萬八千條道路。功能性磁振造影顯示，通過測驗的考生們海馬迴後部的大小有所增加，這個部分負責的是工作記憶與空間定位。準備知識測驗確實改變了他們大腦的大小，他們的工作記憶區變得更大了。

神經可塑性顯示我們有改變思考方式的潛力，可透過創造新的神經通路改變大腦的結構。正向心理學家多年來也在談這一點。在《學習樂觀‧樂觀學習》[13]中，馬汀‧塞利格曼首先提出如何為負面思考模式創造出替代的詮釋方式。假

設你面對犯錯的習慣反應是：「又來了，我老是犯錯。」過去多年裡，這種負面的神經通路會因為經常使用而不斷被強化，但我們可以透過創造同等強壯的替代方案，打造正向神經通路，來調和這一點，像是：「我能從中學到什麼？」我們能透過練習發展這個思考模式，讓大腦選擇要走哪一條神經通路。舊的通路不會消失，但越常使用新的通路，它就會變得越強壯；越少使用舊的通路，它就會變得越不明顯，直到最後，大腦將在生理上形成全新的模式。

　　神經可塑性不只對思考方式重要，也影響了我們感受和回應的方式，畢竟我們的系統環環相扣。舉例來說，想像你現在感到腹部緊繃，有時這代表你感到緊張，有時則代表興奮，就像五歲的孩子等著過生日那樣。雖然是兩種不同的情況，生理反應卻相同，所以我們可以運用這一點。如果你的緊張感是在做某件事前出現，如搭飛機，那麼大腦會以恐懼模式做出反應，觸發身體的恐懼反應。但因為這和興奮是同樣的生理反應，你可以訓練自己將「我害怕飛行」換成「我期待飛行」。緊張感不會改變，但腦袋會改變對感覺貼上的標籤和詮釋。你的體內會產生不同的荷爾蒙反應，一切將大不相同。讓我們來看看這是如何運作的吧。

了解荷爾蒙和腦內化學物質

透過了解荷爾蒙和腦內化學物質（術語叫做「神經傳導物質」），能有效管理和打造「足夠的當下」。你可能聽過這些名詞，若沒有，請一起來認識以下幾位選手：

- **多巴胺**是一種獎勵機制，會在我們完成某件事時釋放。它與動機相關，分泌時，我們會獲得正向的感受；受到抑制時，我們的感受會不佳。完成清單上的簡單事項或長期計畫時，就會啟動多巴胺系統。
- **血清素**又稱為快樂荷爾蒙。釋放時，我們會感覺正向。吃特定的食物、運動或睡眠充足及做日光浴都會讓體內的血清素增加。
- **催產素**在我們感覺到愛、連結和信任時釋放。它與情感連結有關。擁抱某人時，你會感到催產素迸發，讓你對周遭的人感到更有同理心、連結和信任。

有意識地做會釋放多巴胺、血清素和催產素的事情，就能駕馭腦中基於恐懼的反應，感到有成就、連結和愛。要懂得運用「足夠」的化學物質建立我們的狀態與當下。

皮質醇和脫氫異雄固酮（DHEA）

現在，讓我們將焦點轉向皮質醇和脫氫異雄固酮，這兩種荷爾蒙大大影響了「足夠」的表現。先從皮質醇開始說起。皮質醇是種類固醇荷爾蒙，由腎臟上方的腎上腺所分泌。在此，注意一下內臟部位，提醒自己整合心、腦和內臟有多麼重要。皮質醇對身體的壓力反應有很大的影響。實際上，皮質醇又被稱作「壓力荷爾蒙」，會使人陷入「匱乏」和「過剩」的負面循環。

身體釋放皮質醇可能是種好的壓力反應，像是早上起床時，這種感受能幫助我們在一天中保持活力。杏仁核被觸發時會分泌皮質醇及腎上腺素，為戰鬥、逃跑、僵住等反應提供能量。容我重申，如果我們處在真正的危險中，這個反應是適當且有用的。根據艾米·布蘭（Amy Brahn）的書《教練的神經科學》（暫譯。*Neuroscience for Coaches*），皮質醇能帶來「一股能量、更強的記憶功能、較低的疼痛感及上升的血壓」，讓我們有能力保護自己。如果我們處於危險中，就需要大量的皮質醇在體內流動，而它也會隨著時間消失。

然而，皮質醇惡名昭彰的原因是因為大多數人都活在慢

性壓力之下，而皮質醇濃度會隨著時間逐漸升高，需要長時間才能代謝掉。若皮質醇的產生不是因為真實存在的危險，而是長期慢性壓力，它停留在體內的時間會更長且難以消失。更糟的是，皮質醇會對身體產生負面影響與破壞，包括大腦神經元的連結。高濃度的皮質醇是種興奮劑，讓人難以入睡，而疲憊感會讓身體產生更多的皮質醇，以讓人保持清醒。它也會影響情緒、食慾，許多醫學研究顯示，其可能導致長期且致命的疾病。到目前為止，聽起來確實令人悲觀。

　　所以，讓我們利用這個資訊來找到「足夠的當下」，一起來探討如何降低體內過高的皮質醇水平。美國心能商數學院指出，皮質醇與另一個腎上腺所分泌的荷爾蒙脫氫異雄固酮是互為消長的關係。如果體內的皮質醇濃度變高，脫氫異雄固酮的濃度就會變低，反之亦然。脫氫異雄固酮是少數可以代謝皮質醇的物質，可以去除體內多餘的皮質醇。好消息是，當我們感到正向、積極，身體就會產生脫氫異雄固酮。我們可以透過練習，主動運用身體的獎勵機制來打造「足夠的當下」。透過讓自己感到開心，刺激脫氫異雄固酮的分泌。

練習十一：正向作品集

要產生脫氫異雄固酮須進行練習，為此，我經常會邀請輔導者建立「正向作品集」。

- 想三件保證會讓你微笑的事情（人、地方或回憶），將這些事寫下來。不必是什麼大事，日常的小事也可以。如肯特・納本（Kent Nerburn）所說：「我們夢想以偉大的姿態生活，但生活實際存在於微小的片刻[14]。」你可以選擇一個大事件，像是你結婚的那一天，或像我個人最喜歡的日常活動──和我的狗威福沿著河邊跑步。回想完成一個困難案子後的滿足感，或是美麗玫瑰的香味。無論選擇什麼，只要能讓你重溫事件的回憶和感受，感覺真實就可以。看看這件事是否會讓你不禁揚起一抹微笑就知道了。

- 列出並練習思考你的組合清單，這個簡單的行為能幫助大腦創造有用的神經通路。練習每天回想這些事。

- 另一個打造正向作品集的方法是寫感恩日記。每天結束前，寫下三件令你感激的事。這個練習能讓你習慣

在每一天、每一刻注意到令你感激的事物,大腦將隨著時間經過,自動學會這麼做。

就像所有需要技巧的事情,練習真的有用。當你體內充滿皮質醇,壓力大又疲憊,要去想讓你開心的事物真的很難。若不加以練習,你很難在路怒症發作時想到曾和重要的另一半共享美麗的日落。每天練習思考正向作品集,就可以打造出更強壯的神經通路和思考模式,並在需要時輕鬆使用它。練習思考對自己有幫助的事物,這些將幫助你釋放荷爾蒙,以跨越「過剩」和「匱乏」,並將你帶入有著愛、富足和感激的狀態——即足夠的當下。

足夠的當下

「足夠的當下」如指南針一樣精妙靈敏。我們每時每刻的表現都很重要。本質與行為一樣重要,而行為來自於與本質的統一性。在本章,我們探討了神經生物學,了解身體是一個平衡的整體系統以及擁有全觀視野有多重要。我們討論了心臟(心率變異)、大腦(杏仁核與神經可塑性)還有

內臟（腎上腺所產生的荷爾蒙）。大腦、心臟、內臟有時又稱為「三腦」，透過神經系統相連結，三者會在我們處於「足夠的當下」時和諧地溝通並相互回應，此時，我們就會進入心流狀態。學習相信腸道直覺，了解心臟重要的平衡功能──不只有大腦能控制我們的反應，就能體現「足夠」並茁壯成長。

足夠的當下總結

- 你的狀態（每個時刻的感受）是成為「足夠」的關鍵。
- 學會連結生理、想法與信念將幫助你掌握每個時刻。
- 了解身體面對壓力的反應是你控制反應的鑰匙。
- 心臟是身體的風險中心。學會讓心跳保持平穩連貫以管理壓力反應。
- 深呼吸是保持平穩的關鍵，能幫助你停留在當下。
- 正面感受能激發對抗壓力的荷爾蒙，練習回想正面想法和感受。

擁有足夠的當下，所帶來轉變性的潛力是……

……進入心流

第二部

做得足夠的藝術

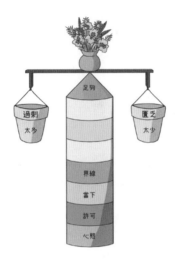

第四藝：足夠的界線

和諧的清晰感

如果用關心取代怒目相視

人生會變得如何呢？

W.H.戴維斯（W.H. Davies）[1]

我們所居住的全球化數位世界充滿了機會、選擇和自由，這是我們祖先從來沒經歷過的，但這也十分複雜。要在這樣的複雜性當中過得好，就要找到一種建立自我架構的方法，讓自己做得「足夠」──不多也不少。我們需要良好的界線來幫助我們找到足夠的藝術並發展茁壯。第四藝將特別探討：

- 認可現況的重要性
- 無時無刻的要求：從清晰界線到複雜性
- 椋鳥群飛：大自然的和諧界線
- 找出最重要的事物
- 了解你的能量模式
- 計畫你的日子、保護專注力並學會說不
- 足夠的界線帶來的喜悦

認可現況的重要性

阿曼尼的聲音充滿緊張和疲憊，她正在描述生活對她的要求。阿曼尼是全職英語老師，這是分嚴苛的工作，她也習

慣了努力工作，但她告訴我這次事情感覺有所不同。新冠肺炎第一次長時間封城時，全球疫情使在家工作者備感壓力。阿曼尼有很多工作要做，她對學生盡心付出，就算是轉為線上教學後也一樣。由於學校關閉，她面臨在家帶孩子（一個九歲，一個七歲）的額外壓力。此外，她還要為住在數百英里外孱弱的母親提供遠端照護，像是每天打電話問候、採買日用品並與照護者溝通。她還是公司資深管理團隊的一員，在哄孩子入睡後，她得在晚上參與定期線上會議。為了處理電子郵件、照顧小孩然後開始一天的工作，她起床的時間越來越早。阿曼尼從來沒有這麼累過，她覺得自己快被榨乾了。她在我們通話的最後哀嚎著：「我好像一輛多頭馬車，馬兒全往不同方向跑，把我拉得四分五裂，什麼事都做不好。我沒有一刻不感到內疚，覺得我應該做其他事，但我累死了。這根本就……不可能嘛！」

　　阿曼尼說得對，要做到這些要求是不可能的。她沒辦法做到所有的事，因為有太多事要做了，那真的超出她的負荷。數週下來，為了跟上事情的腳步，她的能量消耗殆盡，資源也快被用光。我請阿曼尼對自己說：「這不可能！」重複幾次，直到這句話真正進入她的內心。大概唸出聲第五次

的時候，她彷彿終於明白自己在說什麼，像第一次聽到般大喊：

「是呀！這確實不可能！」

沒錯。她對自己還有別人對她的要求太多了，這種步調是難以持續下去的。

「那我到底該怎麼辦？」

我想到了「許可足夠」，並請阿曼尼思考：「妳在對誰效忠？」還有「妳實際上在取悅誰？」

認可這件事「不可能」是幫助阿曼尼從目前的狀況進入更好處境的第一步。在有限的時間和精力下，她能做的就是這麼多，不能再更多了。她必須停止做超出身體負荷的事情，否則她永遠都會落後。就算時間和精力是可更新的資源，也需要空間和注意力才能更新。

同意某件事，與同意它是真的，兩者之間有很大的不同。我們不須要喜歡這件事，只須要坦誠面對事實。指出並承認某件事是個簡單的動作，但充滿巨大的力量。誠實地看待所有事情背後的原因，在必要時，這是個有包容性的行

為。在阿曼尼同意她的體能無法長期負荷人生的要求後，她便能看清楚事物的原貌。記住，她可是花了點時間才意識到這點。只說一次「這不可能！」並不夠，她須要重複很多次才能產生共鳴，直到真相進入身體並深深刻印在她的意識裡。這是她改變的起點──進入「足夠的當下」的狀態。

在認清現況並退一步審視全局之後，她發現自己確實有一些生活的選擇權。她無法改變這些要求，但可以改變回應的方式。她可以做出為自己帶來清晰眼光和前進動力的決定。對像阿曼尼一樣感到超載、有太多複雜事務要做的人來說，請記得，無論多小的事情我們都有一些決定的自由，這是個重要的起點。

阿曼尼的故事令人感到熟悉。在某些時刻，我合作過的輔導者多少都經歷過類似的難題，只是版本不同而已。新冠肺炎讓多年來的情況更加惡化，人們似乎必須隨時保持開機、準備好回應。封城時，上下班的界線變得模糊，因為學校關閉，父母與照護者必須同時兼顧照護、在家學習和工作的要求。人們「在家工作」的實際狀況是「生活即工作」，簡直無法從壓力中脫離出來。

無時無刻的要求：從清晰界線到複雜性

即使在全球疫情爆發前，遵守界線工作對人們來說也變得越來越困難。數位即時性本身就是沒有界線的，人們身兼大量工作和多重壓力，很難關機下班。當你背負許多責任，同時又要應付各種標準、承諾和要求，無論是來自工作、家庭或自己內在的聲音，都會讓人感到難以劃清界線或喘口氣。沒有人會叫你不要在半夜發推特，或一大清早在被窩裡查看電子郵件。這是你自己決定的。

在「足夠的藝術」模型中，我們在「過剩」（有太多事要做）和「匱乏」（沒有足夠的時間和資源）之間如蹺蹺板一樣擺動。然後，因為覺得自己做得不夠（又進入「匱乏」），我們不讓自己停下來（「過剩」），在蹺蹺板上繼續擺盪。這種運行模式的速度和急迫性會持續累積，而這通常也代表了我們在使用主要負責邏輯和計畫的左半腦。

處於使用「頭腦」而不是「心」的狀態會讓時間流失感更嚴重。以這種步調工作，我們會與身體斷開連結。要如何停止擺動並找到平衡，好在「足夠」中安身呢？承認現況後設立界線是個不錯的開始。

　　設立界線很難的一個原因是，數位時代的我們必須自己設立界線。由組織和社會設立界線的日子已不復存在。亨利・福特的生產線是二十世紀最具代表性的工作模式。在機械式結構化的工作模式下，大多數人有明確的上下班時間。辦公室、工廠或買賣交易都是朝九晚五。工作生產力以時間單位進行衡量。「時間就是金錢」成了不斷重複的主旋律，對某些人來說，長時間工作成了一種榮譽勳章，象徵終極的承諾及高生產力。由於大多數人出門工作，他們的工作表現就是以投入來衡量，亦即花幾個小時在做這件事。在1990年代晚期，我第一次到辦公室上班，有人建議我如果想把工作做好，就應該早點來辦公室，等大家都離開之後再下班。想當然，部門總監會在這些時刻「來回走動」，跟那些還留在辦公室、她認為全心投入工作的人講話。

　　在二十一世紀，我們生活的世界已經大不相同。人們以各種不同的方式工作。有些人依然按照規律的時程上下班，但大家回家後都能使用網路和接收電子郵件。很多人在家工作（因新冠肺炎而加速的趨勢）或作為斜槓自由業者，擁有不同的工作或客戶。對許多人而言，工作不再以投入而是以產出來衡量，勞動成果變得比投入的時間更重要。這對許多

人來說是種解脫，若能彈性工作，人們便可以一邊工作，一邊兌現其他承諾。

　　雖然我們的選擇和彈性變多了，確定和控制性也變低了，清晰感逐漸消失，尤其是工作的界線。在VUCA（VUCA是volatile「多變」、uncertain「不確定」、complex「複雜」、ambiguous「模糊」的縮寫）的世界裡，明確的界線已不復存在。建立明確界限的責任從他人轉移到自己身上──我們須要建立自己的架構。如果不建立界線，我們可能會失去界線。如果我們沒有任何界線，多數時候就會感到失控與超載。

　　要過上「足夠」的生活，就要對界線有不同的思考方式，對生活與工作亦然。我們要脫離舊式的機械生產線思維，脫離「時間就是金錢」的態度，邁向能讓我們在複雜世界成長茁壯的事物。如彼得・聖吉（Peter Senge）所寫：「現實由許多循環所組成，但我們看到的是直線[2]。」是時候找到一個能在複雜情況下茁壯的系統或模型來建立界線了。自然環境充滿了生機和複雜的適應性系統，還有什麼比這更好的模型呢？自然的複雜系統又是如何保持界線與和諧的呢？

椋鳥群飛：大自然的和諧界線

　　你是否有看過椋鳥群飛的美妙經驗？椋鳥群飛的英文名詞（murmuration）源自成千隻鳥兒齊飛所發出來的沙沙聲。我上次看到這個奇景是在傍晚，當時我才剛抵達英國南岸的布萊頓。那是個累人的一天，我開了一整天的車，滿腦子想著明早的工作。當時我還遵循熟悉的過度投入工作狂模式，在忙碌的行程中團團轉。雖然我熱愛自己的工作，一切也是自己選擇的，但這實在超出我的負荷。沿著海濱從停車場走到旅館時，我注意到了鳥兒。我深受鳥兒的吸引而走向了海邊，站在夕陽餘暉中長達一個多小時，讚嘆數千隻椋鳥群飛之美麗、和諧與壯觀。我因工作過度而感到疲憊，但站在那裡卻讓我受到那片和諧景象的鼓舞。我用這個意象來比喻在複雜的工作生活中尋找界限。那個傍晚的景象點醒了我，救贖了我的靈魂。

　　如果有機會，我大力推薦各位去看椋鳥群飛的景象。在冬天，牠們經常會在相同的地方，於黎明和黃昏時分飛行。若沒機會，網路上有許多的影片，別客氣，現在就去看看吧。你在觀看時可能也會讚嘆，這麼多的鳥兒怎能如此和諧

地群飛呢？牠們如何能像世上最棒的歌舞團一樣，以美妙絕倫的陣型群飛？這其實是複雜適應性系統的一個絕佳例子。要能夠群飛，每隻鳥需要遵循三個「基本原則」，即：

- 與周圍鳥類的飛行速度一致。
- 與周圍鳥類的飛行方向一致。
- 避免與其他鳥類碰撞。

早期複雜性理論學家克雷格・雷諾茲（Craig Reynolds）在模型中提出這三個規則，他用電腦程式創造了鳥類飛翔模擬（又稱作boids），發現了模擬椋鳥群飛的條件 —— 飛得快、跟隨其他鳥類、避免碰撞。

從複雜順應性系統中，我們學到當一個系統擁有三個基本原則，它就擁有了能力 —— 反應靈敏、靈活且一致。這些規則讓系統變得出色。瑪格麗特・惠特利（Margaret Wheatley）如此形容：「或許最有啟發性的悖論是，在所有相反的兩個力量中，自由與秩序反而是打造出健全有序系統的夥伴[3]。」健康的界線才能使系統茁壯成長。

將椋鳥群飛作為生活的模型，其中有哪些規則能幫助生活與工作，讓我們能變得反應靈敏、具適應性並保持一致

呢？我們可稱這些規則為「足夠的界線」，其能帶來控制力與清晰感，幫助我們成就不凡。就以你深信不疑的事來說，哪三個明確的界線可以幫助你過上想要的生活呢？雖然這裡的重點是作為個體的你，但思考健康的界線對團隊和組織而言也很重要，而且同樣適用於更廣泛的情境下。

這一章接下來的部分會提供一些觀念、技巧與研究，幫助建立屬於你的「足夠的界線」，讓你在複雜的情況下能茁壯成長，不會感到超載。將外在生活與內在生活（生理）想成一個系統，你就能從這些「足夠的界線」獲得所需的一致性與進入心流，以發揮自己的潛能。

過去幾年來，我都是以這個方法建立「足夠的界線」，而我發現，以下三個類別特別有助於找出自己的界線：

1. 找出什麼是最重要的事物。
2. 了解你的能量模式。
3. 規劃好你的日子、保護專注力並學會說不。

我們將探討這些事項，每個類別的最後會有空白處，你可以思考自己「足夠的界線」是什麼。

1. 找出什麼是最重要的事物

　　選擇是找出、建立與維護界線的核心。選擇想要過的生活才能建立界線，同時你還要擁有清晰的眼光來實現這些選擇。花時間思考你到底想做什麼？什麼事會讓人生更豐富？用這些事來建構你的人生，你會感到更有行動力。在第二藝「足夠的許可」中，我們談到核心目的與價值觀的力量，在此，這兩者又派上用場了。注意自己目前的核心目的與價值觀，你就能知道自己想對什麼事情說「Yes」。我們探討過，價值觀存在於你的心中，是你深層的一部分。

　　花點時間以宏觀的角度看待你手上的事情，給自己一點時間面對真相——什麼事對你而言是最重要的？感到超載或難以負荷時，我們的觀點會扭曲，感覺無法控制時間。在那樣的狀態下，我們很容易覺得核心目的崇高且遙不可及，沒有比完成手邊的工作來得重要。我們不做決定最常見的原因不是因為太難，而是忘記要由自己來做決定。

　　真相是，當下的時刻就是我們所擁有的一切。你今天所做的事，跟你的核心目的與價值觀不是有關，就是無關。兩者不是分開而是相關聯的。花時間與最重要的事物連結會

帶給我們行動力。有意識地進入「足夠的當下」的狀態會很有幫助。感到超出負荷時，我們是以大腦在過生活。當我們記得目的與價值觀，就是在邀請內心參與對話。當我們安身於此刻，大腦也能傾聽直覺的聲音。從更深的層次來說，連結核心目的會讓找出最重要的事物變得簡單一些。以下讓我們繼續深入探討。允許自己做夢一下，是什麼讓你的靈魂歌唱？借用蓋伊‧漢德瑞克（Gay Hendricks）所說的，你的「天才區」（zone of genius）是什麼？你在哪個方面做得最好、能進入心流、發揮最大的潛力，並實現你最崇高的抱負？問自己：「我正在花時間做會做的事，還是很擅長的事？」這可以刺激你的思考。我們很容易在忙碌中遺忘了自己真正想做的事，提醒自己這件事可讓你看事情時更透徹。

　　你不必脫離日常生活，絕不是這樣。你可以決定每天或每週有哪些事情是最重要的。想立即知道每天有哪些重要事物有一個有用的方法是以產出和影響力來衡量，而非投入。克里斯‧貝利（Chris Bailey）在有太多事要做的情況下，花了一年的時間研究保持生產力的技巧和方法。他把自己當成白老鼠，親身嘗試不同的研究方法，他所寫的《最有生產力的一年》（2019年，天下文化）[4]書中充滿實用的建議。他發

現最有用的技巧往往是最簡單的。所謂的「三重點法則」是
這樣的：

> 在每天的開始，想像一天結束時，自己希望做完哪
> 三件事情？把這三件事情寫下來。每週開始前都持
> 續這樣做。

花一點時間選出每天、每週、每月甚至是每年最重要
的三件事。如果重點很明顯，你就不須要太專注。雖然會花
點時間，但這是開啟每天與每週的好習慣，而且結果非常值
得。大衛‧洛克在《順著大腦來生活》一書中解釋為何在每
天和每週的開始排優先順序是件好事：「排序是最消耗腦力
的事情之一。」他接著解釋道：「這同時須要了解新想法、
做出決策、回想及抑制。」在每天或每週的開始選擇要先做
哪些事，可能需要半個小時的時間，但這能讓你以更清晰的
眼光看事情，並感到自由。洛克建議人們在腦袋清晰時進行
排序。回應整合一切的需求，這可提醒人們思考手邊任務以
外的事。像是：「什麼能幫助我在這週學習和成長？」或是
「這週我會做些什麼事，來活出我的價值觀？」

我們須要在腦中明確想出每天或每週最重要、最有影響

力的事，因為每天都會有令人分心的事物。每天都有許多要求在拉扯我們，各種通知和碎碎念都在試圖奪取我們的注意力，醒著的每一分鐘幾乎都是這樣。我們可能從早忙到晚，卻仍然覺得沒完成什麼事。在某些日子裡，失控的感覺會特別明顯。我有許多輔導者的行事曆都塞滿了連續會議，幾乎連嘗試「三重點法則」的時間都沒有。如果你連做最重要事情的時間都沒有，就是時候認真地思考一下了。找出最重要的工作，讓你在管理行事曆時能有更多選擇，像是取消出席某些會議、重新安排時程、有時間專注在最重要的產出，甚至是停止做一些事情。

 練習十二：足夠的界線 #1：最重要的事

思考以下的問題：

- 什麼事對你而言是最重要的？
- 你如何決定每天、每週、每月、每年哪些是最重要的事？
- 對於你的身、心、靈來說，什麼是最重要的？

　　現在，試著寫下你的發現，建立第一個簡單的「足夠的界線」。一件觸動你的事情（像是椋鳥群飛）可以是讓你保持在軌道上的第一個「規則」。將它寫在「足夠的界線」#1的標題下。我的例子是：與他人分享我所學到的東西。

2. 了解你的能量模式

　　知道最重要的事是一回事，處在正確的狀態來面對最重要的事又是另一回事。我們不是機器，我們的感受、擁有的精力，與腦子和身體可以關閉其他需求的能力非常關鍵。你有多了解自己的能量模式呢？我的意思是，你通常在一天中的哪個時段最為敏銳？哪個時段感到較為疲憊？這當然不一定相同，但你一定會驚訝，我們的生理精力模式有多麼一致。我們都遵循著自然的韻律。你可能會注意到，自己是「早起的鳥兒」或「夜貓子」。每個人的晝夜規律天生不同，深入探討這點會很有幫助。一天中，你的精力是如何消長的？

練習十三：畫出你的能量圖

試著記錄你的精力一週。如果你認真想知道自己原本的精力模式，建議你一週內不要服用任何興奮物質，如咖啡因和酒精。

- 每小時設置一個鬧鐘，用一到十分，簡單記錄當時的精力狀態。
- 每週結束前，觀察所出現的模式。寫下每天的高能量時刻（又稱作「黃金生理時段」），以及低能量時段。

做這個練習時，我已經知道自己是早起的鳥兒，但這仍為我提供了更多的資訊——我的「黃金生理時段」通常落在早上六點到十點。此外，我發現自己在這個時段最具創造性，想法也很清晰。直到搜集這些數據後，我才知道在大多數日子裡，我還有另一個能量高峰，即下午四點到晚上七點。如我所料，中午過後，我的能量值較低，通常是剛吃完午餐的下午一點到兩點左右。在一天的其他時段，數值則大約落在中間。這些數據可用來預測自己能在哪些時段擁有最佳狀態，來進行卡爾・紐波特（Cal Newport）所謂的「深度

工作」⁵——需要高度專注力、精力和理解力的工作。對我來說，那些就像是寫作、提供指導或程式設計。

我們可以運用這些數據安排進入心流的機會，並給自己一種意義感，因為我們全心投入了最重要的事。第一位描述心流概念的心理學家奇克森特米哈伊（Csikszentmihalyi）表示，要進入心流必須滿足三要素。第一，不受干擾的時間，所以，關掉所有通知吧；第二，手上的工作要讓你能全神貫注，不能太難（導致壓力反應）也不能太簡單（使我們失去注意力，感到無聊和分心）；第三，須要處在「足夠的當下」，在當下保持和諧、一致。

你也可以透過能量圖來安排紐波特所謂的「淺度工作」，雖然這也是重要且必須的工作，但強度不高，如回覆電子郵件等。別讓自己在早上做的第一件事就是看郵件，別把所有創造性「深度工作」的能量用在這些事上，如同我指導過的許多人一樣，這對我也深具啟發性。我通常會快速掃過郵件，看看有沒有須要特別注意的內容，然後將比較不重要的事項放在中間能量值的時段處理。

同樣重要的是，思考你須要做些什麼好讓身體和心靈「休息和消化」。人類並不是為了隨時保持在巔峰的工作狀

態而生，我們需要時間喘口氣。了解你須要做些什麼為自己充電也是重要的資訊。對我來說，低能量的時段顯然適合休息，若時間允許，我會在午餐後做一些恢復性的活動，例如冥想或散步，讓自己完全關機。

當然，要做什麼完全是個人的決定。我的「足夠的藝術」跟你的可能不同。有些人在組織裡工作，時間安排比較沒有彈性，但你可以慢慢尋找一些機會，試著貫徹這些原則。越能安排時間配合精力做事，就越能感受到平衡、自在和進入心流。

 練習十四：足夠的界線 #2：能量模式

思考以下幾個問題：

- 你的能量模式是什麼？
- 你的哪些工作須要進入「心流」？
- 你能如何根據能量模式來安排工作？

試著寫下你的想法，建立第二個簡單的「足夠的界

線」，並每天保持在軌道上。將它寫在「足夠的界線」#2的標題之下。

這裡，我的例子是：進入心流是首要之事。

3. 規劃好你的日子、保護專注力並學會說不

許多人認為，「足夠的界線」的第三點最具挑戰性，但它無疑也是最振奮人心的。到目前為止，無論投入的強度為何，你會明白，當你越有能力選擇如何過每一天，就越能活在足夠的狀態中，有足夠的精力做你認為最重要的事物。卡洛琳・韋伯在她的書《好日子革新手冊》（2016年，大塊文化）中描述，她的諮商者克莉絲汀領悟到界線必須靠自己設立。克莉絲汀說：「我頓悟這個道理，是因為發現很多時候，我是在對自己生氣，因自己缺乏界線而生氣。我讓事情超出掌控，把責任歸咎在別人身上。如果自己不設立界線，又有誰會替我設立界線？」拿回主導權，選擇每天規劃好你的人生是非常值得的。喜愛秩序的人或許會欣賞卡爾・紐波特的建議：「安排好你一天中的每一分鐘。」這對我有點過頭，我比較喜歡配合精力調整作息。我會在記事本中將活力

充沛的時段安排給需要高度專注力的活動。安排時間做重要的工作、較不重要的工作、休息時間和方式都一樣重要。用這種方式規劃日子也迫使我們思考，自己願意在多大程度上受到打擾。我們活在一個即時性的世界，無論是裝置上的提醒通知或隨處可得的全球新聞，都可能成為難以拒絕的誘惑，讓我們覺得須要知道或回應一切事物。

這也是為什麼我們須要保護專注力。作家伊莉莎白・吉兒伯特（Elizabeth Gilbert）建議我們成為「接收資訊的守門人」。她提倡透過篩選接觸的資訊，成為心智的好管家。吉兒伯特表示，在處理重要事情時，關掉通知固然重要，但更重要的是，你每天面對螢幕觀看、聆聽的內容和時間長短。把自己當作接收資訊的策展人是很振奮人心的事，這再次提醒我們自己可以有所選擇。閱讀社交媒體以及查看二十四小時新聞，可能會成為令人上癮的習慣，安排時間做這些事則是更有意義的一個好方法。

獨自工作或和他人一起開會也是同樣的道理，這就要談到一心多用。多年來我曾相信這是一項技能，女性對此特別擅長是歷史發展的必然，因為她們經常須要同時處理許多事情。遺憾的是，我最終了解一心多用是個生產力迷思。人們

根本沒辦法同時做好兩件事。我們以為自己可以一心二用，但實際情況是兩件事都沒做好，還花了更久的時間。如南希・克林（Nancy Kline）所說：「注意力無法被分割。」微軟顧問琳達・史東（Linda Stone）在1998年創造了「持續性局部注意力」一詞來闡述人們注意力分散的結果。史東指出，當身邊圍繞著數位裝置，我們就一直處在預期被打擾的狀態，代表每分鐘只付出45%的注意力。她如此描述道：「持續性局部注意是指關注一個高層級的事物，並持續掃描其周邊，以防有更重要的事物出現。」這樣做有什麼影響呢？這會嚴重耗弱心智並大幅降低準確度與生產力。因此，設立界線與決定何時要接受打擾，會對你達成目標的能力產生重大影響。

　　此外，智慧型手機很容易地就會讓大多數人在一天中分散注意力。我與許多資深主管共事時發現，他們常會在會議期間查看手機。因為他們有大量電子郵件和滿檔的行程，即使身處重要的會議，他們也會持續回覆電子郵件，因為擔心若不那樣做，恐怕會付出高昂的代價。我給他們的挑戰很簡單。若沒有全神貫注地聆聽會議內容，而是分神去閱讀或回覆電子郵件，就不容易記得會議內容是什麼。要讓某件事儲

存在我們的工作記憶中需要專注力。如果在會議中沒有仔細聆聽，那試問，你又何必坐在這裡？你釋放的訊息是會議室外的人比坐在裡面的人更重要。這樣講可能不中聽，但多年來的科學研究證實「雙重任務干擾」會降低認知能力，這表示，一心二用會導致更慢且不準確的結果。解決之道其實很簡單：較好的做法是，參加時間短卻更專注的會議，然後在會後安排時間查看電子郵件，而不是在同一時間做兩件事。再重申一次，這個問題只要透過良好、清楚的時間規劃就能解決。選擇權在你手中。

　　以專注力為主來規劃好日子後，接著來看看如何守護好你的專注力。現在，我請你找到心中的巨龍。像龍守護寶藏一樣，堅持守護你的時間和專注力。別害怕讓自己和他人知道這有多重要。想像心中的龍坐在代表你潛力巔峰的金子堆上。為了嚴加守護它，你須要停下做某些事情，學會說「不」。

　　多年來，我指導忙碌的人們時，觀察到保持良好界線最難的地方是決定何時停止做事以及如何說「不」。停止做某些事完全是合乎邏輯的，這讓我們能專注在最重要的工作上。但有許多人（包括我自己）表現得像是我們什麼都做得

到，不須要做任何犧牲就能專注在最重要的事上。選擇是關於衡量利弊得失，更深入地說，我們須要停止做某些事，否則將會面臨降低標準的風險，因為我們本來就沒有心力做所有的事。

 ### 練習十五：列出「停止做清單」

企管類書作家詹姆・柯林斯（Jim Collins）在他的書《從A到A+》（2020年，遠流）[10]中建議我們寫一張「停止做清單」（stop doing list）。

- 寫下待辦清單時，也同時寫下「停止做清單」。
- 如果你擔任領導職位，請與團隊一起這麼做。
- 這個練習能帶來清晰感與許可，由你開始做榜樣，持續做到其他人看見為止。

找出停止做哪些事經常是個人和團隊缺乏的那塊拼圖。對他們來說，最困難的挑戰往往不是停止某項特定任務，而是停止結構性的事物、不能改變的習慣，像是流程或固定的

會議模式。這完全搞錯方向，卻是個常見的誤解。面臨這樣的情況時，我請人們給自己許可來建立支持最重要事物的系統和架構——有時間給自己和身邊的人，專注在最重要的事物上。這對於我們的工作、所屬機構的成功是否能永續經營非常重要，也帶來了很大的自由。

　　來看看另一個能幫我們遵守時間表的技巧——對別人的要求說不。身為一個慣性過度承諾者，我知道這有多難，但也在過去幾年間了解了這個技巧有多必要！我以前的教練曾經告訴我：「說『不』是為了說『更大的Yes』。」還有「如果你從來不說『不』，你的『Yes』也會變得廉價。」雖然我知道這麼做很重要，但實際執行仍然困難重重。這時我們可回到「足夠」的核心概念，也就是捨與得。學會忍受說「不」時所感到的不適，你就能獲得時間來做更重要的優先事項。布芮尼・布朗（Brene Brown）在《召喚勇氣》（2020年，天下雜誌）[11]一書中請我們在迷惘的時刻「選擇勇氣，而不是選擇舒適」。值得注意的是，她的研究發現，我們在表達反對意見、提供批判性的評語或對事情說「不」時，感受到不適的時間是八秒鐘。仔細想一想，若你感到不舒服的時間通常是八秒鐘，那麼在發表意見後，你可以在腦中數到八

再說「不」，那麼之後就會湧來源源不絕的解脫感。

　　有很多實用妙招讓你可以好好說不。我發現一個來自哈佛談判計畫（Harvard Programme of Negotiations）的有用方法，叫做「正向說不」[12]。這方法同時考量了神經科學與杏仁核的反應。如果我們請別人做事，聽到一句斬釘截鐵的「不！」我們很容易將它視為一種威脅並做出相應的反應。「正向說不」則回應了我們心理安全感的需求。我將其簡述如下：

- 用溫暖感激的態度面對他人的要求。
- 真誠地解釋你的優先事項是什麼，因此無法做到別人要求的事。如果可能，對方會了解並同理你的原因。
- 你帶著遺憾說不，說你不能做到別人要求的事。
- 用溫暖的態度告訴對方你能做的事，但不必改變自己的優先順序。舉例來說，如果受邀到活動上演講，你可以推薦其他合適的人選。
- 婉拒後仍然祝對方好運，祝活動一切順利。

　　這個過程充滿了同理心，講話時設身處地為別人著想，同時維護自己重要的界線，這對自己和對方來說，都會讓說

「不」這個困難的舉動更添人性。

 ### 練習十六：寫「不要」日記

　　如果你覺得說「不」很難，或是你有過度承諾的習慣，寫「不要」日記會很有幫助。請試著做如下的紀錄：

- 要和什麼事情說不。
- 你怎麼做的。
- 在當下的感覺以及十分鐘後的感覺。
- 專注說「不」，讓你有時間做最重要的事。
- 你用那些時間做了什麼。

　　第三個「足夠的界線」是用來保護並賦予我們能力。我相信學會如何停下來是愛自己、尊重自己的深度表現，對我們個人、團隊和組織來說也一樣。反思過後，心中澄澈乾淨，就能做出好的選擇。

練習十七：足夠的界線#3：保護時間與專注力

請思考以下幾個問題：

- 你什麼時候選擇查看通知或將通知關掉？
- 你須要停止做什麼才能專注在最重要的事上？
- 你會如何保護自己的時間表？

請寫下答案，打造第三個簡單的「足夠的界線」，這第三個界線會與前兩個界線一起幫助你走在正軌上。請將答案寫在「足夠的界線」#3的標題之下。

這裡，我的例子是：每週在日記中安排「深度工作」的時段。

找出並寫下三個「足夠的界線」，放在你每天都看得到的地方。實踐這三個界線，記得這些界線對你為何重要，利用它們來建立好習慣，漸漸地，你就會自動這麼做。這個過程是很人性的，雖然某些日子你會感受到挫折，但訣竅一樣是注意、反思、選擇、重整。

足夠的界線帶來的喜樂

讓我們回頭看看阿曼尼。她在試著解決問題時，發現自己所做的小決定使每天時間的用途都不同了。她的三個足夠的界線是：

- 在每天的開始、中間和結束與孩子共享不受打擾的美好時光。
- 在一大早有能量時安排「行程表」，讓自己在該時段不受打擾。
- 與經理協調孩子在家時，減少高層管理會議的次數。

雖然她要處理的事情還是很多，但這麼做確實讓她感到比較能負荷。她重新找到了平衡，也就是「足夠」的所在。阿曼尼這樣說：

> 我感覺拿回了掌控權。這並不容易，我也不是每次都做得完美，但我彷彿回到了正軌，不再覺得自己像雙頭馬車。一次專注做一件事，對我來說真的有很大的不同。

　　這些是在阿曼尼特定的人生時刻、屬於她的「足夠的界線」。當然,如果情況改變,「足夠的界線」也須要隨之調整。重點在於花時間反思,在可控制的事情上做出選擇。但情況是起伏不定的。當壓力來臨,某些人只能像阿曼尼一樣做些小調整,有時候,我們則可以做出更大的改變。根據情況和別人的期待,我們擁有的選項多寡會有所不同。透過反思並與身邊人進行對話,在可能的情況下遵守良好的界線,會大幅影響自己能做些什麼的感受。

　　正如椋鳥有能力依照三個原則壯觀地群飛,你現在也有了三個「足夠的界線」來幫助你成長茁壯。良好的界線使人有原則、賦予人能力。「足夠的界線」能幫助你如椋鳥一樣,以清晰的思緒、一致性的行動輕鬆駕馭複雜的情況。

足夠的界線總結

- 認可你所處的真實情況是做出選擇的第一步。
- 界線能提供清晰感、控制力與行動力。
- 在數位時代,你必須設立自己的界線,包括如何生活、如何工作。

- 找出對你而言最重要的事，規律地以優先順序進行。
- 了解你的能量模式，根據它來分配任務。
- 將時間留給最重要的事。
- 讓自己停止做事的能力，跟接下任務的能力一樣出色。
- 送自己一個禮物，學會如何好好說「不」。

擁有足夠的界線，所帶來的轉變性潛力是⋯⋯

清晰

⋯⋯找到清晰

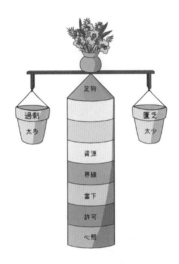

第五藝：足夠的資源
善用你的力量

美好平靜的生活，只能在隱居、忠實的好友與書中尋得。

艾佛拉・班恩（Aphra Behn）[1]

在第五藝中，我們將探討做得「足夠」需要哪些資源。這可以是內在資源，如精力、能力、驅動力，或是外在資源，如時間、支援或其他幫手。感到不堪負荷時，我們彷彿與自己的資源斷開連結。以下將「足夠的資源」視為可更新的循環，探討你可以培養哪些習慣來協助自己面對生活的要求。

第五藝將特別探討：

- 「足夠的資源」的循環規律。
- 了解消耗與補充的力量。
- 如何避免倦怠，建立強大的自我支持習慣。

「足夠的資源」的循環規律

作為教練，聽著諮商者說的話，經常讓我覺得資源是有限的物質。「我就是沒時間」「我感到疲憊不堪」，或是「我真的沒力氣了」。有時候，我也會聽到光譜另一端的意見：「什麼都阻止不了我，我是一台發電機！」或是「我準備好了，隨時可以出發！」雖然這些話可以表達人們的感

受，但不太能解釋資源運作的真實情況。

　　我對人們使用有限的語言來描述可循環更新的事物，抱持謹慎的態度。用這種方式看待資源會產生焦慮感，而這種觀念來自誤解。如果認為資源將耗盡，我們就會自動進入「匱乏」狀態，而這將觸發基於恐懼的反應。時間、力氣與精力都不存在於線性的光譜上，也並非是有限的。資源比較像是圓圈，如同我們熟悉的生命和自然形式，每天不斷循環。在理想情況下，我們早上醒來，因為睡了一個好覺感到精神奕奕（希望是這樣）；完成一天的任務、挑戰和活動後，有時間補充資源並睡覺休息。如上一章討論過的，身體幫助我們度過一天的循環。我們的神經系統與荷爾蒙有助於調節晝夜規律，使我們準備好行動或慢下來「休息和消化」。

　　將自己視為循環能為你帶來力量。與其認為資源會耗盡且無法再生，不如問自己：「什麼人或事物在消耗我的精力？」同樣重要的問題是：「什麼人或事物在補充我的精力？」將自己想成須要持續補充的事物，像是手機的電池。從事活動會消耗我們的精力，一段時間後就須要充電一下。我們知道這是事實，但我的一些輔導者對此並不以為意，甚

至覺得須要充電讓他們感到有些不稱職。這本書的目的旨在幫助大家找到平衡（即「足夠」）的方式，所以請記得資源是可循環的，就像大海潮起潮落、月有陰晴圓缺，我們可以在任何一天，甚至特定的季節裡，花時間做一些讓自己充電的事。作為教練，我最常問的問題大概是：「你做的哪些事情能補充你的資源、幫你充電？」如果沒有這麼做，我們的心理韌性會降低，而且可能會付出高昂的代價。

　　雖然我們的資源模式有其循環規律性，但當然也有其限制。如果我們過度使用循環的自然系統，或忽略補充所需的資源，系統就會失去平衡及自然規律並開始崩解，變得有限，圓圈的循環將扁化為一條線。這樣的狀況正反映了2020年代的全球環境。人類掠奪過多資源，使系統瀕臨崩潰，地球脫離了循環規律，走向直線性的「匱乏」道路。如同地球資源的使用須要重新平衡才能恢復其自然規律，人也是一樣。如果長時間忽略自己須要充電，我們會因為過度緊繃而達到一個臨界點，脫離自然的規律，不僅資源變得線性，也會面臨耗盡的風險。就像世界許多地方因為氣候變遷導致森林大火，我們的資源也可能燃燒殆盡。

　　無論資源是什麼，我們都須要尊重「足夠的資源」的週

期循環，在每天重新調整。你可能已經在做一些規律的韌性練習，或是為你提供資源、讓你保持生活重心的事情。即使是專注在為自己充電的人，也可能因為忙碌的日常要求而陷入「過剩」或「匱乏」的狀態。在那些日子裡，請記住我們能回到起點並重整、有意識地做一些能帶給我們力量的事，來面對那些看似消耗資源或難以負荷的困難。我的輔導者辛西雅會在每天忙碌的工作中抽出時間，中午到花園坐上半小時，斷絕任何打擾，讓陽光親吻她的臉頰。這對她相當重要。她告訴我：「這真的有用，足以讓我充飽電。在這段時間，我不去擔憂任何事，完全關機，並在回到辦公桌時感到精力充沛。」

　　這樣的日常練習會隨著時間發揮積極的影響。微小的改變或有意識地重整會讓人感到「足夠」，也是我們隨時可取用的強大工具。我們不需要戲劇性的儀式或大動作來完全改變生活，只要尋找能讓我們重新平衡的規律小事，回到「足夠的資源」之處。

了解消耗與補充的力量

 練習十八：足夠輪盤

這個練習幫助你從資源的觀點出發來看待人生，發現哪些東西須要重整。

- 首先，寫下你在人生中所有須要付出能量的事物。可能是工作、家庭、創意活動、運動、志工服務、親近大自然、友誼。只要你覺得合適，寫幾個都可以。目標是列出所有需要能量的事物。包括為你提供生命意義的事物，還有你沒什麼選擇、消耗你能量的事物。
- 畫一個輪盤，在每個輻條末端寫上一個面向。請看以下這位諮商者的例子。
- 從一分到十分，給每個面向一個分數，代表你在日常生活為它付出多少能量。如果你發現沒有給它很多能量，選擇一個低的數字，反之，選擇高的數字。請注意，這個數字必須反映實際情況，而不是你期望的情況。

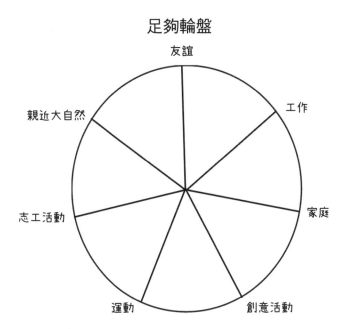

足夠輪盤

- 在輻條上做記號，標明一到十分，輪盤內部代表零，
  外部圓圈代表十。
- 接著用一條線串聯輪盤上的每個點。最後看起來就會
  像我輔導者畫的這樣。

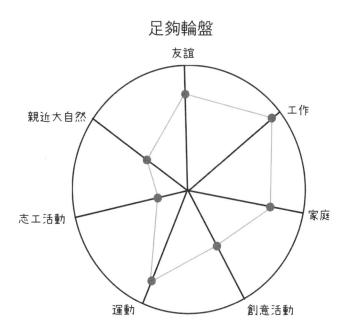

足夠輪盤

友誼

工作

親近大自然

家庭

志工活動

創意活動

運動

- 觀察你的生活模式，還有你給哪些事物能量。你注意到了什麼？看起來某些事物能為你充電，其他則會消耗精力。想一想你所做的事是否能為自己充飽電。

- 現在重新檢視每個面向，在輻條標記你想要給它多少能量。
- 思考你可以做什麼小改變來平衡你精力的每個面向，為自己提供更多資源。什麼會讓你覺得自己擁有「足夠」？不必讓一切變得完美，只須往正確的方向前進一步，就能產生巨大的影響。舉例來說，我有一個輔導者，每週兩天須要五點下班去上她喜歡的運動課程。對其他人來說則或許是開始學習鋼琴。
- 寫下你準備好要嘗試的一、兩個小改變。

這是你的指路明燈，讓你知道須要補充哪些資源。我們經常專注在必須做的事上，像是工作或家庭承諾。我們也經常錯過其他類型的事情，但這正是我們的源頭活水。對我來說，跟朋友們在小型樂團玩音樂能給我滿滿的活力。而這也可以是讀小說、出門跑步、做瑜珈，或是跟三五好友相聚。幾年前我在做這個練習時，意識到我離日常生活（那些為我帶來活力和歡樂的事物）有多麼遙遠。我沒有給自己時間做能滋養我的事，而是相信我沒時間這麼做，更諷刺的是，我累得沒辦法這麼做。人們經常忘記為我們帶來歡樂活力的事

物其實是找到「足夠的資源」的關鍵。這不是奢侈品，而是必需品。當我領悟到「沒時間」的想法會阻礙自己獲得資源，我終於能對生活的優先順序做出一些小而深遠的改變。

接納才能整合一切

剛才提到的只是冰山一角。我在與輔導者合作時，反思了自己的工作模式，我意識到這不只是花時間做補充精力的事情，還有為生活增添多樣性和包容性。正因為上述的活動和平時做的事情大不相同，它們才能為我帶來活力。另一個特點是，這些事能讓我全神貫注，例如在樂團彈奏一首曲子時，會讓我沒有心思想其他事，進入了心流狀態。我完全活在當下，不擔心過去或是未來。你可以做些跟平常不一樣的事為自己補充能量，從平時的要求中喘口氣，用一種不同的方式感受自己的身體與當下。為生活增添多樣性、透過不同的管道獲得自信和活力，或是去做你較能掌控、風險較低的事項，這些活動本身就充滿樂趣，可以為你帶來持續一輩子的能量，為你的「足夠的資源」帶來巨大貢獻。

〈All of Me〉[2]（我的一切）是我們樂團演奏的爵士曲

目之一，歌詞是：「你拿走了我的心。為何不把我整個人帶走？」我常覺得這首歌表達了對完整性和包容性的渴望，我想起大衛‧懷特（David Whyte）的觀察：「你知道筋疲力竭的解藥不見得是休息嗎？……筋疲力竭的解藥是全心全意[3]。」在探索什麼能為你補充能量時，納入一切很重要，這代表你要去反思自己可能不是那麼喜歡的部分。有時候，這又叫做你的陰影面，而我們很容易忽略自己覺得困難的部分。

　　然而，這些仍是你的一部分，如果忽略這些，你便無法看清全貌。不只如此，你性格中的這些部分經常會讓你覺得在消耗精力，但從不同的角度來看，這也可以成為一種資源。

　　屬於你自己版本的「我的一切」是什麼樣的呢？你的資源銀行可能缺少了什麼呢？想像一個對位點，不一定是相反的，但可能是你在思考資源時自然排除的事情。這叫做「路徑整合」（path of integration），是有意識地尋找和你原本喜好不同的事物，給自己一個反向平衡。這麼做需要努力與承諾，因為現代生活中，我們通常會避免做不喜歡的事、挑簡單的來做。舉例來說，我是個喜愛出門的外向者，和別人相處能帶給我滿滿活力，所以我會優先把時間分給團體聚會，

而不是獨處，我甚至有點害怕獨處。但隨著時間經過，我意識到自己須要享受自己的陪伴，花時間反思內省對我很有幫助。這是個深層補充能量的旅程。即使花時間獨處很難，但我感到更加平衡，且獲得了一種完整感，這是我以前所忽略的。我學著喜歡以前所害怕的。事實上，現在我有時候甚至渴望獨處，這是我在十年前難以想像的。如艾倫・沃茨所說：「當你發現陰暗中本來就沒有什麼好怕的事物……剩下的只有去愛[4]。」愛是終極的資源，支持著其他一切。

 ### 練習十九：整合你的陰影面

為輔導者提供教練指導時，我發現找到相對應的位置來體現這樣的空間很有幫助。請試試以下的練習。

- 在一張紙上寫下你所知道會為你補充資源的事物。我的例子是「與他人連結」。
- 接著在不同紙上寫下該位置的陰影面，某件不同但會提供平衡的事物。對我來說是「花時間獨處」。
- 將兩張紙放在地上，從一張紙走到另一張，在每個位

置上認真感受。

- 想像每一張紙代表不同的你。那個部分的你會想對另一個你說些什麼？舉例來說：「我並不可怕，我也是你的一部分。」或是：「有時候一直在這裡也很累。」
- 你也可以放上第三張紙來代表「智慧的你」。當你站在這裡，觀察另外兩個位置以及每個位置可以提供些什麼資源。
- 探索你能做些什麼來整合兩個位置。

透過這個方式，你可以更深層地平衡，獲得過去所不知道的資源，強化自己擁有「足夠的資源」的感覺。

如何避免倦怠，建立強大的自我支持習慣

在一個世代中，很少會發生某種危機足以影響到所有人，但新冠肺炎是個例外。這段期間，我與許多個人和領導團隊一起工作，疫情爆發後的數個月中，我聽到了一些想法。

「壓力大到不行。我好像在喝消防水栓裡的水止渴。」

「我從來沒經歷過這種強度的工作，每天從早上七點工作到晚上九點，已經好幾個禮拜沒有休息了（包括週末）。」

「我取消了所有旅遊計畫。我通常每六個星期會為自己安排一個小假期，這是我從高強度工作中抽身的一個方式。但我已經好幾個月沒去度假了。」

「我覺得好累，像是被釘在地上的釘子，即使已經被釘到地下，槌子仍不斷落下來。」

「每個人都早已疲憊不堪，現在又面臨這個危機。我不知道要去哪裡獲得力氣。」

這些例子刻畫了處在極度壓力狀態下的人們。當時，人們必須同時面對新冠疫情危機，還有對大多數人來說全新的在家工作體驗，人們感覺停不下來，我合作過的許多人都瀕臨倦怠邊緣。大家有什麼共同點呢？就是沒人可以找到時間補充或重整資源。他們處在精疲力竭的狀態，感覺精力是有

限的，而自己已經到達了極限。他們好像在一條單行道上，不斷地給予、給予、再給予，沒時間停下來，更別說充電。諷刺的是，進入精疲力竭的狀態時，我們經常會阻礙自己尋求協助或接受支持。

　　我選擇以新冠肺炎作為倦怠的例子，因為這是大家所熟知並以各種不同方式影響每個人的危機，而且這個危機將我們推向了臨界點。疫情使得某些人必須以高強度的方式工作，是真正意義上的精疲力竭。但是，許多人也一直單方面投入工作並承受壓力。在這種狀態下，經常會讓人有種熱情、迫切感以及沒得選擇的感覺，甚至能在短時間內令人感到振奮。但這不可能永遠持續下去。

　　為了避免倦怠，請記住循環資源的概念，我們能選擇補充資源，無論這個選擇有多小。這一章接下來將詳細探討這個過程，我將提供七個重點，幫助你重新找到「足夠的資源」的力量。前三個重點是遠離倦怠──更了解自己，探索自己的糾結與模式。

　　第四個是關鍵的選擇時刻，為你提供一個定錨點，讓你自信地在「過剩」與「匱乏」之間取得平衡並選擇做得「足夠」。最後三個則是邁向「足夠的資源」的方式，以為你提

供力量。

這七點分別是：

1. 停下來：設定可持續的步伐。
2. 避免付出太多。
3. 了解成癮模式。
4. 記得你有所選擇。
5. 學習：思考「創傷後成長」。
6. 建立「足夠的資源隊」。
7. 維持：建立「足夠的資源」的習慣。

1. 停下來：設定可持續的步伐

在危機中工作可能會令人精力大增，人們可以在此刻做出許多振奮人心之事。決策變得更快且更中心化，少了繁文縟節，人們可以快速清晰地看見他們促成的改變。這種由腎上腺素驅動的行為，有時可能令人感到興奮。平時鬆散的組織團隊齊聚一堂，為達成共同目標和明確結果而努力。那些平時被認為是運作不良的團隊，在危機時刻團結在一起，工作配合得相當優秀。對於喜歡解決問題、行動、速度和進步

的人來說，危機可能是一種高度獎勵，甚至是他們的天職。要解決危機通常須要長時間、英雄式的投入，會帶來一種迫切感，須要每個人齊心協力地合作。

　　但就定義而言，危機本身不會永遠持續下去。迫切感消退時，我們對於立即行動和快速節奏的需求也會減少。在二十一世紀中，「一切如常，生意照做」（business as usual）取代了危機，更加複雜且統一性較低，但仍帶給人們挑戰性、高風險及不間斷感。在權力下放的情況下，做決定需要的時間更長，終點似乎也遙遙無期。危機之外的生活感覺像是在為惡名昭彰的蘇格蘭福斯鐵橋上漆，一邊漆好之後換另一邊，沒完沒了。危機解除後，要從處理危機的行為中停下來可能更難。我們可能會卡在「危機檔位」。我合作過的許多組織形容自己有「英雄式」或是「危機如常」的文化。快速迫切地解決問題，確實能令人感到振奮和充實。但以危機的節奏工作最終會導致筋疲力竭，而且無法長久持續下去。

　　危機結束後，我們須要切換到更永續的檔位，如此，個人和團隊才能管理長期的壓力、工作量和複雜性。我們須要有意識地從迫切的步伐轉向深思熟慮後的配速。在危機後，

我們須要與清晰的目標、願景、意義和未來的目的相連結，我們須要停下來、反思、選擇、重整。

　　長期承受高強度壓力之後，我們通常須要先休息。花時間讓身體休息很好，但主動讓心靈休息更是必要的。接下來則須要重整，有意識地設定不同的工作節奏。第三，重新規劃以可持續的實際方式來長期管理工作。這不是「可有可無」或「很高興能擁有」的意圖，而是要創造一個強健實際且可執行的計畫，個人和團體要在其中思考如何維護並補充精力，才能獲得能量，長期為目的服務。

　　我合作過的團隊為了建立「可持續步伐計畫」，運用了各式各樣的方法讓每個隊友可以休假。舉例來說，大家輪流代理值班、幫助彼此休假（不要寄電子郵件）或分享支持資源。結果證明，這是個寶貴的方法，確保每個人都有時間休假，不只是放鬆，還可以有意識地為自己充電。這有助於他們用有紀律的方式，滿足自己對「足夠的資源」的需要，並充分意識到，滿足這個需要是他們的主要職責。

2. 避免付出太多

如果你常常感到被工作淹沒或有太多事要做，那麼你可能須要檢驗自己的動機。努力工作時，你在餵養什麼？你在止什麼癢、滿足什麼需求？我合作過的一些人表示，他們的職場文化要求他們長時間工作，這種英雄式的文化鼓勵人們「不斷超越」或「加倍努力」工作。有些人不懂得說不，或是覺得沒有資格說不，如我們在第四藝中探討過的。有些人則是想被看見、認可和感激。引用約翰‧威丁頓的話，人們經常覺得自己要「加倍努力才能獲得歸屬」，尤其是處在獎勵過度工作的職場文化時。

很多人都享受可以幫助他人、解決問題，讓事情變得更好的感覺。雖然這是個值得稱讚的動機，但也可能讓我們掉入過度工作的陷阱，讓我們感覺無法停下來，或是付出得永遠不夠。一個有用的方法是觀察導致這個工作模式的潛在忠誠關係或深層模式。哪些家庭成員或過去經驗默默地讚賞努力工作的行為？我們經常在錯的地方尋找認可或認同，我們期望父母（或其他家庭成員）的認可，卻向所處的組織付出一切。

　　如果情況是這樣，我要再次提到伯特・海寧格的作品[5]。在他揭露所有關聯系統模式的著作中，海寧格談到「幫助的順序」，提供我們一些實用的原則來檢視我們提供幫助時關係的動態變化。海寧格指出，當我們提供某個東西給某人，我們會變得更有分量，我們給得越多，分量就越重。當你為朋友、客戶或同事提供建議，你會變成對的那個人，你的分量彷彿變重了。回想當你為了變得有用而給他人建議，你的分量真的變重了嗎？無論如何，我認為這是真的。要在成人的關係中保持平等，雙方的互惠和交換必須達到平衡。我們接收和給予的分量得是一樣多的。

　　讓我們以工作的角度來思考這個問題。如果你的目的是讓一切變得更好，無論在什麼情境下工作，你都會花很多時間幫助他人（無論是組織或個人）改善問題。相較於你所幫助的人，你自己將顯得更為重要，這可能是件令人滿足的事。其他人可能會開始依賴你，你對於所在的體系開始變得不可或缺。這代表你會被要求做更多事，停下來變得極其困難。因為你做得越多，別人的需求也越多。你不只在幫助這個體系，還成為了維持體系運作的一部分。我合作過的許多人都因此感到倦怠，困在永遠都做得「不夠」的信念中。

　　重新平衡這個模式的一個方法是嚴格檢視我們的動機——想讓自己變得比他人重要（這又叫做「糾葛幫助」）。海寧格說：「如果你在試著幫一個不須要幫忙的人，那麼你才是須要幫忙的人。」如果是這樣，我們就要有意識地從想幫忙的渴望中抽身而出，退一步看待問題，並將決定權還給對方／團隊／朋友／組織。全面性地看事情，可以教會我們「有技巧地提供幫助」。區別「有用」與「有幫助」很微妙，但這是讓我們不再與體系糾結的有力方法。了解到這一點能幫助我們不再糾結，不再當一個要解決所有問題或讓一切變得更好的人。我們可以相信其他人，接受他們能提供的東西，而不須要提供一切。這樣做之後，我們就可以拯救自已免於倦怠。

3. 了解成癮模式

　　我的許多輔導者都有過度工作的習慣，彷彿處在永無止盡的危機中。這反映的是一種成癮模式，用成癮的方式看待這習慣能幫助我們從中解脫。如同其他成癮行為，我們要探討的不只是症狀，而是原因。在探尋「足夠」的旅程中，我

們漸漸熟悉了這個模式——通常是因為內在的「匱乏」導致我們尋求「過剩」的慰藉。嘉柏·麥特（Dr Gabor Mate）醫生是世界上最知名的成癮心理學思想家之一，他這樣說過：

> 成癮是指持續性地尋求身外之物，來緩解痛苦或無法實現的渴望。疼痛的空虛感永遠不會消失，因為我們以為會撫平空虛的物質、事物或追求並不是我們真正需要的[6]。

當然，我不是說過度工作是件小事，或要將其與重度物質成癮做比較。綜觀來說，工作成癮與其他的成癮非常不同，因為它能獲得大家的認同，賦予人們地位。我從麥特所說的話領悟了「足夠」蘊含的真理。我與瀕臨倦怠的人們合作過，他們經常感覺無法停下來，永不滿足的渴望驅使著他們前進。工作帶來的感受變得不可或缺，停下來是可怕的，這會迫使他們看到因為「太忙」而未照顧到的事物。

如果你的情況也是這樣，想想永遠處在「過剩」狀況下，你會獲得些什麼？如果停止過度工作或忙碌，你會付出什麼代價？或許你在掩蓋難以接受的事實。你需要一百八十度的大轉變和很多的勇氣，從熟悉卻累人的狀態中抽身，正

視那些讓你感到更痛苦的事物。根據我的經驗，一百八十度的大轉變經常都是值得的，那能帶你回到平衡之處，讓你感到「足夠」、做得「足夠」，而不是太多。

4. 記得你有所選擇

　　過去幾年中，我注意到邁向倦怠的一個症狀就是，認為自己沒有選擇，只能做手上的事情。我們可能覺得停下來綜觀全局是不可能的——我們總是見樹不見林。但這是不可或缺的一部分，也是找到「足夠的資源」以避免倦怠的樞紐。我們在尋找「足夠」微妙的平衡。我們隨時可以選擇活在當下，隨時可以選擇專注於解決問題，而不是問題本身。

 練習二十：檢視你的工作模式

　　你多常退一步檢視自己的工作模式呢？這是幫助你脫離「過剩」進入「足夠」的重要舉動，使你的步調可以持續下去。

- 你知道每一天都須要消耗精力與補充精力。在工作中

納入能為你充電的事物。

- 重新思考這個問題：你可以刻意地將什麼融入每天或每週來為自己充電？無論是什麼，選擇將它融入到生活中非常重要。無論是運動、睡覺、休息、停止工作、有趣的活動都可以。

- 想像並寫下你理想中的工作模式。你一天或一週中花幾個小時在工作？回想你的「足夠輪盤」，找出哪些事物在你個人的掌控之中。你有哪些選擇？你能改變些什麼來做得「足夠」？

關鍵在於做出選擇，給自己力量和行動力，這源於自我關懷。你要從盲目跟隨模式與習慣到改變成有意識地決定想創造什麼樣的模式與習慣，過上想要的生活。很多人花時間專注在問題本身而不是找到解決方式。俗話說「注意力在哪裡，精力就在哪裡」，這提醒了我們要將注意力放在想達成的事物上，而不是想避免的事物上，這樣做會帶給我們最大的力量。當我們將「足夠的資源」全部投入解決問題並克服問題，就能為自己注入滿滿的力量。

5. 學習：思考「創傷後成長」

　　我一直認為尼采所說的「凡殺不死我的，必使我更強大」有點老掉牙——當我處在低潮期，將困難的情況與最糟的結果相比，總讓我感覺情況被簡化了且兩者不太相關。不過，無論該經驗有多麼痛苦，我們確實能從每個經驗中學到一些東西。在雪柔‧桑德伯格與亞當‧格蘭特的共同著作《擁抱B選項》（2017年，天下雜誌出版）中，描述了桑德伯格在她的丈夫意外死亡後，藉助心理學家朋友格蘭特的幫助，找到方法面對一切。書中談到了面臨困難時，不只要重新振作，更要向前進步。這樣的想法大有助益。

　　這不是個全新的想法，大衛‧庫伯（David Kolb）的經驗反思實踐學習循環[8]（成人教育者與學習者數十年來的基礎）指出，最棒的學習通常來自反思經驗、汲取結論並在下次運用所學。但是，在這個圈子工作了二十年以上，我已經數不清有多少次詢問組織裡的人員是如何反思與學習所做的事時，只聽到熟悉的回應：「我們幾乎不這樣做，只有在發生問題時才這樣做。」從困境中反思與學習來建立韌性是個好主意，也是我們要記得在生活中實踐的。

　　心理學家李察・泰德奇（Richard Tedeschi）與勞倫斯・卡爾霍恩（Lawrence Calhoun）[9]進一步研究從創傷與悲慟恢復中的人們。他們創造了一個詞叫「創傷後成長」。這特別有幫助，因為它承認了某些事是創傷性的事實，同時提供人們一種思考重新復原的方式。相較於倦怠，若說這與「足夠的資源」及找到平衡之間有什麼重要關聯，那就是反思的時間。作為教練，我合作過的每個輔導者基本上都是大忙人。所有輔導者都要面對許多要求、責任和複雜的工作。就算一個月只有幾個小時，教練的指引都能為他們提供反思的時間，從所做的事情中得出結論並學習。無論是否有教練，花時間反思並從困難或創傷事件中獲得某個結論都是很寶貴的。建構意義的過程能幫助你了解發生什麼事，反思在重要的時刻哪些事物會為你提供或消耗資源，並問自己這個問題：「這對我／我們來說能帶來哪些成長？」

　　話雖如此，我也很清楚這樣的話聽在瀕臨崩潰、沒時間反思的人們耳中就是件矛盾的事。我也很清楚在危機時刻問某人：「你學到了什麼？」不是一件明智的事，換做是我也會被激怒！時機是最重要的，大部分的人在學到道理之前，都需要一點時間來消化情況。反思、花時間停下來並觀察情

況能為你補充深層能量。這不一定只是個思考的過程，我們會從身體獲得很多資訊，經常在早期就收到警訊，提醒我們須要重新平衡。當我們記得問身體：「你想告訴我什麼？」尤其是當我們感到疲倦，就會將所需要的重要資訊包含進去。接著我們就能開始找到意義和道理，並將其整合到生活中。

6. 建立「足夠的資源隊」

　　如果你身邊有好隊友，為自己建立「足夠的資源」將會是個完全不同的故事。從這個角度看待團隊有兩種方式，首先是外在資源，你可以將工作委託給好的團隊處理。第二，以內在資源來說，擁有個人的啦啦隊為你提供資源，可以讓你成為最好的自己。

　　首先，讓我們來了解擁有好的代理團隊是什麼樣子。我要說的大家可能都知道了，在「過剩」和工作量超載的情境下來思考「足夠的資源」，擁有神隊友並能夠成功委託他們事情非常重要。但不是每個人都有可信賴的神隊友，如果是這樣，你可以跳到第二點。如果有，有很多很棒的文獻都

在探討如何做好這件事，我在這裡則提供一些重點摘要與例子。本質上，這個研究指向四個關鍵領域：

- **擁有對的隊友**：在《從A到A+》中，吉姆・柯林斯舉了一個令人信服的例子，就是「對的人上車，坐在對的位置，讓錯的人下車」。

- **不要羞於為自己增添資源來有效地工作**：露絲・瓦格曼在她關於資深領導團隊的研究中指出，有了適任且投入的隊友組成適合的團隊後，下一步就是提供他們充足的資源。她的研究發現：「優秀團隊的領導者不會認為這對於隊友的專業能力是種侮辱，而是要確保隊友能取得所有需要的資源，優秀地完成工作。」這對雙方來說都是。確認承擔任務的人是否有足夠的資源非常重要。組織裡的每個人都需要充足的資源與協助，了解這一點的組織通常也最健康、最具生產力。

- **建立信任且自主的文化**：庫澤斯與波斯納在他們長達三十年的滾動研究所撰寫成的《領導力挑戰》（暫譯。*The Leadership Challenge*）[11]一書中，提供了一些很棒的小訣竅來打造適合的團隊氣氛，促成好的代理

工作，讓人們感覺擁有適當的支持與指導，有權力、受到信任並且能夠做決策。關鍵在於代理而不是將責任丟給別人，是支持他們把事情做好。團隊氣氛專家派屈克・蘭奇歐尼（Patrick Lencioni）[12]指出，團隊要發揮功能就必須建立在堅實的信任之上。團隊的所有成員要能相信彼此的決策、做該做的事、開啟溝通與更新消息的管道、在事情進展不如預期或成果標準有問題時開啟對話。

- **清楚的職位與責任**：我與許多團隊合作過，發現代理者因為沒有品質管理或決策權限簽核工作而成為大家的絆腳石。我合作過的團隊有這樣的情況，同事在報告撰寫人與團隊領導人之間來回確認一分報告，這代表實際上沒有人對報告的標準負責任，大家都以為別人會修正錯誤。我們必須在一開始就搞清楚誰要做什麼、牽涉到哪些人、工作的標準為何、誰來負責核可工作。這樣做以後，代理工作就會變得容易許多，無論他們代理的工作是哪個部分（包括你自己），都有足夠的資源來確保很好的結果。

第二，讓我們來探討擁有一群神隊友能如何給予你資源。我協助過許多資深策略主管，他們沒有團隊，必須在組織內水平工作來影響各種不同的利害關係人。我也為許多沒有與直接下屬一起工作的人提供教練指導。無論你的情況如何，我們都需要一群神隊友。他們會為我們提供後援、歡呼加油，協助我們完成任務以及挑戰。

有時候這會是特定工作導師的模樣，例如某人已經做這個工作很久了，而他已準備好為你提供指引、討論工作的空間、支援以及鼓勵。我喜歡將導師想成接力賽跑者，如果我們夠幸運，在職涯剛開始會有導師提供指引。隨著我們有所進步，我們轉而開始提供新人指引，智慧之鏈就如此傳遞下去。除了導師的指引，我鼓勵所有輔導者找到組織與人際網絡中的同盟與神隊友，這不只能幫他們在工作中發展茁壯，成為最好的自己，還能在困難時刻請求協助。在一些你感到不足的日子裡，無論是因為「匱乏」或「過剩」，這些人通常都能幫助你重新找回平衡。

知道自己的「足夠資源」隊裡有這些人能讓你感到非常強大。在人生中的某些時刻，只要想起他們，他們就會為你提供所需的資源。我經常邀請輔導者思考每個在工作上或生

活中、從過去到現在為他們提供資源的人，然後在便利貼上寫下他們的名字。接著，將便條紙貼在身後，站起來面對眼前的挑戰，這樣一來，他們就知道資源就在他們身後。

你可以向前走，從「足夠資源隊」中選出一些人，當你需要更多支持，在紙上寫下他們的名字並放在口袋。當我在演講或開會前感到緊張，我很開心足夠資源隊就在口袋裡，在我最需要的時刻支持我。根據所需的資源，你可以向不同的人汲取力量。你可以選擇某位你知道特別擅長該領域的人；你可以選擇非常在乎你、希望你做得最好並總是支持你的人；或是你可以選擇一位跟你合作得相當愉快的客戶。無論是誰，目標是找到某位有意識支持你的人，這在重要時刻會讓你感到充滿足夠的資源。

7. 維持：建立「足夠的資源」的習慣

安・拉莫特[13]在她關於寫作的精彩著作中講述了這個故事，一個應對超載的極佳策略。

三十年前，我十歲的哥哥有三個月的時間要寫一篇關於鳥類的報告。隔天就要交報告了⋯⋯他坐在廚

房的桌子前泫然欲泣，身邊圍繞著活頁紙還有一些
關於鳥類的新書，龐大的作業量使他動彈不得。
我的爸爸在他旁邊坐下來，用手臂環繞著哥哥的
肩膀說道：「孩子，我們按部就班地來，一個一個
來。」

習慣是出了名的難改，尤其是行為上的習慣、平時一直
在做的事情。很多人會分享試著開始或停止某事的經驗，證
明隨著時間經過，要維持這些習慣非常難。看看健身房的會
員人數統計，每年一月，人數都會到達高峰，總是會有抱著
新年新希望的人來報到，然後到了三月就開始下降。所以如
果你想改變每天所做的事，確保你有足夠的資源來面對日常
生活的挑戰，這不只需要練習，也需要決心。

如我們探討過的，從小地方開始很有幫助。為自己設
定可達成的改變，避免過於宏偉的目標。我不認識任何在生
活中做出美好巨大改變的人，那大概只會出現在生活風格雜
誌中，但你一定認識一些放棄汲汲營營、選擇住在美麗小村
莊過著自給自足生活的人。我與上百個人合作過，發現只要
對生活與工作方式進行微小調整，就足以對他們產生巨大的

影響。大衛‧布萊爾斯福德爵士曾擔任英國自行車運動協會
（British Cycling）的總監長達數年，提出了名為「邊際收
益」的計畫，他探討每個讓奧運單車比賽成功的因素，試著
在各方面獲得小小的進步。他如此形容這個方法：「如果你
將一個大目標拆成幾個小目標，試著改善每個小目標，把一
切聚集在一起時，就會獲得大大的增益[14]。」他在這方面的成
功是大家有目共睹的，幾年內，英國自行車車隊的奧運金牌
數量，從一個增加至八個。這個方法也能幫助你。如果你想
過上更平衡的生活，讓你的資源為你提供「足夠」的狀態，
你並不須要做出很大的改變，只要持之以恆。如安‧拉莫特
父親所說的：「一個一個來。」

　在《原子習慣》（2019年，方智出版）[15]中，詹姆斯‧
克利爾用心理學解釋習慣的運作，以及做哪些事會讓習慣持
續。他提出了十分有用的見解，就是當我們決定改變行為，
要專注在什麼事物上。

- 首先，專注在結果或目標上，像是我們想改變什麼。
  舉例來說，讓工作節奏更可持續下去。
- 第二，專注在過程上，像是做什麼來實現改變。舉例

來說，這一章稍早提過的辛西雅，她每天中午都會待在花園半小時為自己充電。

- 第三，專注在自己的身分上，像是我們的自我形象、對自己的信念。舉例來說，這可能是我等於「足夠」、我做得「足夠」、我擁有「足夠」。專注在行為背後的信念，就更有可能長時間持續這個改變。如克利爾所說的：「進步是暫時的，直到它成為你的一部分。目標不是讀完一本書，而是成為一位讀者。目標不是跑完一場馬拉松，而是成為一位跑者。」對我們來說，目標是以足夠的藝術好好生活。

當談到選擇並堅持日常練習來獲得足夠的資源，你可以向身邊的隊友汲取力量。負責任的夥伴能幫助你改變持續的行為習慣，無論是正式的隊友，如直屬主管、同儕團體或教練，還是你的好友或家庭成員，一旦你決定自己想成為什麼，就要清楚地向重要的人解釋，招募他們成為你的好隊友。

足夠的資源的力量

找到足夠的資源永遠都是進行式，我們的生活和工作都充滿複雜的要求。找到生活的模式，有意識地為自己帶來力量，感受到你擁有足夠的資源，那是發掘自己擁有足夠的藝術的關鍵要素。做選擇時，學著從經驗中學習，記得誰是你的隊友，並建立能讓你保持在軌道上的習慣——你正在汲取每個人內心都有的力量，並主動為他人在世界上想做的事情提供資源。

足夠的資源總結

- 你的資源是循環性的。
- 了解是什麼在消耗和補充你的能量。
- 為工作及生活建立能規律補充資源的節奏。
- 接納一切，整合你自己。
- 增添多樣性能帶來活力。
- 倦怠通常是來自內心的糾結，觀察你的節奏、動機以及成癮模式可以改善這一點。

- 選擇補充資源。
- 透過所學、「團隊」和習慣來帶給自己力量。

擁有足夠的資源，所帶來轉變性的潛力是……

力量

……善用我們的力量

第三部

擁有足夠的藝術

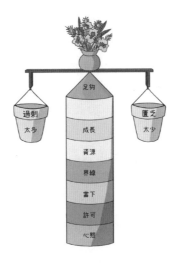

第六藝：足夠的成長

永續成長的智慧

有足夠的一切給所有人
還有多餘的可以存續
然而每天每刻仍有數百人
因匱乏、苦難和疏忽而倒下
世界本會成為
如天堂般神聖之地
倘若我們能教會人類
何謂愛與正義
節錄自十九世紀尤萊雅・斯馬特（Uriah Smart）之歌謠
《窮人的哀歌》（*Poor Man's Lamentation*）[1]

在第六藝中，我們將探討限制帶來的自由。在現今社會中，人們每年過度消耗並丟棄的資源，比我們祖先一輩子消耗並丟棄的還要多。這樣的行為使環境瀕臨崩潰，人類也沒有因此變得比較開心。有些人甚至覺得「足夠的成長」的概念過於侷限，有些人則覺得這是平庸與缺乏抱負的同義詞。現在，我們要做的就是從根本上扭轉這些想法，探索足夠的成長，將其作為實現抱負、發揮最大潛力以及找到快樂的大

門。我們將探討如何能在個人與集體的層次上達到足夠的成長，在不傷害地球的情況下茁壯成長。

我們將探討：

- 「足夠的成長」週期
- 限制帶來的自由
- 破解無止盡成長的迷思
- 甜甜圈思考術
- 少即是多
- 蛻變的夢想

「足夠的成長」週期

小時候，艾瑞・卡爾（Eric Carle）所著的《好餓的毛毛蟲》（1997年，上誼文化公司）是我最喜歡的書之一[2]。看著紙板書上的洞隨著毛毛蟲的移動增加，帶給我許多樂趣。插圖記錄了毛毛蟲幼蟲的旅程，牠的胃像個無底洞，牠大吃大喝，吃穿各種食物，卻變得越來越餓，吃得越多越餓。什麼都阻止不了牠，直到時機來臨，結繭的時候到了。最後，

如我們所知，毛毛蟲的結局不是長得更胖，而是蛻變成一隻蝴蝶。當然，在蛻變發生前，毛毛蟲自己並不知道。這對我們所處的世界顯然是個隱喻。我們不斷地消耗、消耗、再消耗，永遠飢餓、永不滿足，直到最後我們意識到消耗不是重點。消耗不會讓我們感到快樂或有意義，但蛻變會。

當我們在思考「足夠的成長」，蛻變的隱喻是個有用的架構。我們對成長的想法很重要，因為集體聚焦於成長而犧牲其他東西，已經讓地球瀕臨崩潰，第六次生物大滅絕正在來臨。人們不在乎代價，只專注於製造更多，導致全球生態環境變化逼近了臨界點。然而，撇除新自由主義經濟學家、政府與媒體的訊息不談，成長不一定是變大而已，重點在於深度、學習、想像、創造力與蛻變。如我們探討過毛毛蟲的成蟲細胞，我們本來就擁有潛力，不只能長得更大，還能實現意料之外的蛻變與美麗。

我從生物仿生中汲取靈感，創造出了一個新模型，讓大家去思考「足夠的成長」。這個模型是循環性而非線性的，隨著自然的規律，我們能探索如何在「匱乏」與「過剩」之間停止搖擺，找到「足夠」的平衡以發展茁壯。生物學上的變態當然不是自然界中唯一的成長型態。許多成長不必然包

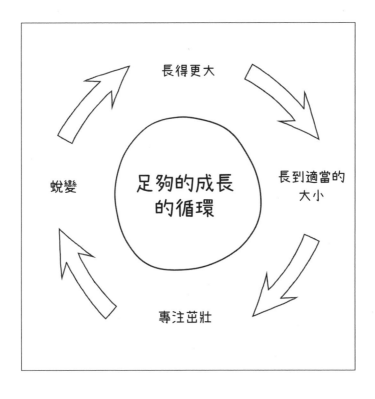

含著形態的改變，有時，當生物成長到適當的大小，牠們會將精力投入在成為完全的自己。如在序言中討論過的，我將生物變態納入第四階段，因為對我來說，排除「成蟲細胞」的神奇魅力，等於忽略了我們與生俱來的潛力。

第一階段：**長得更大**。從嬰兒到成人時期，從最初萌芽的想法到完全成熟的架構。這是我們求知若渴、亟欲成長的時期，也是個大量吸收並快速成長的階段。

第二階段：**長到適當的大小**。我們不再向外擴張。我們長到合適的大小，並適應了這個尺寸——我們自然的身體極限。

第三階段：**專注茁壯**。我們將精力與資源集中在發揮潛能上——活得充實。我們在自然的界線內，保持健康並發展茁壯。

第四階段：**蛻變**。如我們從毛毛蟲故事中所學到的，蛻變須要放下舊的狀態，才有空間迎接新狀態。我們的一部分須要死亡，或許是對舊身分的認同，或許是放下自尊。我們須要放下過去，成為新的自己，成為一個很不同的事物，令人驚艷又美麗，而這正是內在成蟲細胞的傑作。

這個時代面臨的挑戰是，大部分的文化與社會都卡在第

一階段，我們只注意長得更大，彷彿沒了其他階段。交換的平衡出了錯，我們拿取得太多，補充給地球的資源太少。我們以成長之名做出這些事，不但不接受限度的概念，還忘了這對進入接下來的階段有多重要 —— 限度使我們能重新聚焦，以發展茁壯並實現蛻變的夢想。我們要允許自己脫離永無止盡的進食，繼續前進，才能找到一個讓所有人都能與地球一同成長茁壯的方式。

談及系統性的狀況以及我們如何走到今天這一步，很容易讓我們感到自己的生活方式受批評，或是去批評他人。人們很容易落入對與錯的二元對立。為了平反這一點，我秉持著對我們所處環境更大的好奇心與探索精神而寫下這一章。這是一個我發自內心的探究，探究我們如何能夠以個人與集體的方式來思考足夠的成長，以及對地球帶來正面的影響。

對我來說，我的情感與理性同時支持著我去追求「足夠的成長」。這關乎愛、心碎與希望。當你在早晨聽見鳥兒歌唱，或在夜晚抬頭看見璀璨星空，是否曾感到歡欣雀躍？夕照的美景是否曾讓你感動得想落淚？你是否像我一樣，曾在都會公園裡停下腳步，讚嘆著番紅花純粹的美麗，與它象徵的春之活力？接著，當你看見人們隨手丟棄的垃圾在

河流上載浮載沉，或棄置在美麗的海灘，是否曾有過心碎的感覺？你是否曾在觀看某個大自然節目時，沉浸在世界的美麗中而無法自拔，卻發現生物棲息地慘遭破壞而哭泣？〔我相信很多人都跟我一樣，在看完大衛‧艾登堡（（David Attenborough））的紀錄片後難過得抽泣〕你是否跟我一樣，感受到我們走在風尖浪頭上，深深地渴望能扭轉這個危機，找到一種不再消耗地球，而是為其補充資源的生活方式？在我的經驗中，當我們允許自己全心投入情緒與理智，就會湧現出行動力。因為全心全意地體驗過這種感受，我們才更有能力行動。

我相信挺身面對這個挑戰並不是完全無望與悲哀的，而是能夠成為我們人生中最值得欣喜的事。學著如何與「足夠的成長」共處，就是在學習如何包容所有的成長階段，而這須要我們汲取自己所擁有最好的東西，如愛、勇氣、希望與創造力。我相信這將會引領我們以新的方式享受生活——以「足夠的藝術」生活本身就是一個目標，因為無論內在或外在，它都能帶給我們諸多益處。這是非常個人也是很社會性的，每個人都須要找到能讓自己茁壯成長的方式，並在過程中彼此分享。

　　在本章中，我們會探討完整的成長週期。假設我們在第一階段已經做得非常好了，那要如何透過對第二、三、四階段的清楚意識，找到「足夠」的平衡？以下會以個人與全面的視角來檢視「足夠的成長」，探討我們所做的事情如何反映出有「足夠的成長」。在此，成長可被視為一個機會，利用我們所學到如何做人、做事的知識，在這個平衡狀態的基礎上，能讓我們擁有「足夠」的所需來蓬勃發展，並發揮出我們真正的潛力。我們將從解讀最有挑戰性，但最終也是能使人獲得解放的「足夠的成長」階段開始──了解我們的極限在哪裡，並學會如何停止。

長到適當的大小：限制帶來的自由

　　談限制本身就是個挑戰。我們深深沉浸在鼓勵指數型成長的文化中，限制思考會讓我們感到受限，像我就不喜歡受限的感覺。限制彷彿是自由的頭號敵人。然而，無論我們喜不喜歡，限制都真實存在。我們成年後就會停止長高，自然萬物在某個時刻就會停止長得更大，這是先天的限制。無論是魚、爬蟲類、哺乳類或樹，都會停止生長。與其將限制看

為阻止我們的負面東西，不如把它看成具有積極的意義，像是一個給我們力量並讓我們保持安全的容器。如我們在第四藝「足夠的界線」中探討過的，限制幫助我們在須要時停下來，把精力與注意力放在其他事物上。知道何時停止長得更大並不會限制我們的可能性，實際上，這反而能釋放更多可能性。當我們說：「伸手就能碰到天。」我們真正渴望的其實是轉變的能力。如商業作家查爾斯‧韓第在《第二曲線：社會再造的新思維》（2020年，天下文化）[3]中所寫：「如果我們不能告訴自己：『適可而止就好』，我們永遠不會有空間探索其他可能。」

讓我舉個實際的例子。我剛開始撰寫本書時，有幸能與查爾斯‧韓第及他的妻子麗茲見面，兩位告訴我他們如何透過設定限制來管理工作的週期。查爾斯這樣對我說：

> 「我們會在一年的開始決定今年要賺多少錢。我們設立限制，只接受不超過該金額的工作量。當我們的工作量足夠達到財務需求的上限，我們就會將注意力轉向金錢以外的事物。這使我們有機會去做其他事。」

　　查爾斯說話時的眼神閃閃發亮，告訴我這件事對他而言有多麼寶貴。

　　就我的職業生涯而言，大部分時間都是為自己工作，我覺得這個想法很自由，卻也很有挑戰性。假如我今天賺夠了錢，就開始拒絕接下來的工作，那會發生什麼事呢？當然，不是每個人都有這個選擇。許多人從早到晚辛勤工作，賺的錢只夠糊口，對他們來說，為收入設限完全無法帶來自由（本章節接下來會討論經濟公平分配的重要性）。然而，對前幾年一直辛勤工作，認為賺得越多越好、以備不時之需的我來說，設立最高與最低薪水目標是個嶄新的商業觀點，給了我反思的機會。這讓我意識到自己其實一直在信奉社會主流的行為和習慣——越多越好，利潤和經濟成長永遠沒有終點。當我終於有勇氣許可自己來做這件事（從第二藝「足夠的許可」的練習中汲取力量），我發現自己大大鬆了一口氣。保留時間並拒絕工作，完全改變了我的工作習慣，我開始有時間做其他滋養自己的事情、以其他方式茁壯，專注在其他人生中重要但時常被忽略的部分。為成長設立限制後，我感受到了自由。同時我發現，限制並不會阻止我成長，反

而是成長的必要條件。

　　查爾斯・韓第向我指出，有許多企業都是這麼做的。德國經濟是由許多家庭經營的製造業所組成，這些家族企業並不在股票市場中。對這些企業來說，持續創新、保持高品質、不因短期的利益成長而轉移注意力，才能再次為企業投入資源。我曾為博世（Bosch）的資深總監提供教練指導，這家成功的全球企業仍由家族經營，他驕傲地告訴我，公司97%的年利潤都回流進企業，而且他們的戰略預測已經推展到了未來的三十年。他們為利潤設定限制，將多餘的利潤投資在員工、研究、創新及品質上。對他們來說，永續性比短期獲利更重要。

　　許多企業的例子顯示，他們選擇成長到「適當的大小」後就不再擴大。讓我告訴你一個我熟知的例子。十五年來，我曾是一家獨立收養機構的董事，富有遠見的創辦人與CEO珍娜・迪比・貝克（Janet Digby-Baker）堅持機構的成長不超過一定的規模。珍娜經常告訴我們，為了維護每個「收養孩童」與名冊上照顧人之間的關係，我們的規模不能太大，要維持適當的大小。這代表機構將有能力專注在珍娜最重視的價值與照顧標準。舉例來說，每個孩子都有一輛腳踏車，

而且可以學習游泳，讓他們發展生活技能。珍娜在作為社工及在家事法庭工作的數十年中，發現這一點經常是孩子缺乏的。將規模維持在適當的大小是讓公司能夠實踐其使命與價值的關鍵，也因此能全心專注在弱勢孩童的照顧品質上。

當然，這需要承諾與紀律。由於專注追求品質，機構變得非常炙手可熱，要超越原本設下的限制並擴大規模是非常容易的事情。但我們從來沒有這樣做，而我親身體會到這個決定多麼值得且有影響力。

長到適當的大小：破解無止盡成長的迷思

為何儘管無止盡成長的迷思充滿漏洞，我們卻仍相信著它？我想部分是因為它讓人深深地產生共鳴，這是一種必須持續不斷努力才會有歸屬的想法。法蘭西斯‧史考特‧費茲傑羅在著名的小說《大亨小傳》中，以妙筆描繪出書中人物如何以物質財富取代歸屬感。小說以充滿詩意的一段話作為結尾：

蓋茲比相信那盞綠燈。美好未來卻是一年一年在我們眼前漸漸遠去。未來曾經從我們手中溜走，但無所謂──明天我們會跑得更快，我們的手臂會伸得更遠……總會有那麼一個美好的早晨──就這樣，即使如逆水行舟，不斷被湧浪推回去，我們仍奮力向前。

因為渴望美好卻難以捉摸的未來，我們忍不住想要更多，永不滿足現在所有的一切。如費茲傑羅指出的，我們須要回顧自己的系統。這種集體的文化渴望要求我們每一個人都要回顧過去的人生，問問自己：「我在對誰效忠？」「我為了誰做這件事？」或是「我在逃離或渴望治癒什麼傷痛？」費茲傑羅著名的小說（以及本書前面所探討過的事例）幫助我們了解，只有在照顧自身渴望與歸屬感時，我們才能從「想要更多」的誘惑中解脫。

這與上一章探討過的成癮定義有幾分相似。嘉柏‧麥特（Gabor Mate）在他的作品中描述了他詢問與他合作的癮君子從使用特定物質中獲得了什麼：

> 我問他們：「在短時間內，它帶給你什麼你很渴望
> 或喜歡的東西？」答案不約而同的是：「它幫助我
> 逃離情緒傷痛；幫助我處理壓力；為我帶來心靈平
> 靜；與他人連結的感覺；帶來一種掌控感[5]。」

　　從許多方面來看，這些動機都讓我想到社會消費的習
慣。我們中有多少人在談「購物療法」，企圖用購物和物質
獲益來讓自己好受一點、更有掌控感、紓壓，甚至是緩解痛
苦？我知道自己曾買過不需要的東西，包括衣服、食物或體
驗，來獲得上述的感受。這也是為什麼我相信從本質上來
說，「足夠的成長」與本書探討過的所有「足夠」層面（即
我們內在是誰）相關。在生活與工作中，我們超出負荷的程
度取決於對自己的感覺，這也會影響我們消耗的方式。當我
們有「足夠的當下」感到我們是「足夠」的，而且可以完全
處在當下，那麼我們就能做出自由的決定來做得「足夠」，
並開始意識到需要什麼才能擁有「足夠」。「足夠」的狀態
使我們能蓬勃發展。

　　若從宏觀的角度來看，另一個我們可能忽略自由中本
來就存有限制的因素是，上個世紀的新自由主義經濟告訴我

們，成長越多越大越好，這是我們最應注重的事情。一個國家的經濟是由GDP（國內生產總值）的成長速度來衡量。數十年來，許多經濟學家、政治人物、哲學家以及環境學家都表示，僅使用GDP作為經濟成功的衡量方式是不全面，甚至是具有破壞性的。越來越多的經濟學家，包括E.F.修馬克（E.F. Schumacher）在一九七三年的《小即是美》（2019年，立緒）[6]以及近來的凱特・拉沃斯（Kate Raworth）在《甜甜圈經濟學》（2020年，今周刊）[7]都在書中完整闡述為何只注重GDP是具有破壞性的——我們只衡量國家集體的產出，卻忽略了計算成本。

系統思考學家唐妮菈・米道斯是1972年聯合國出資撰寫《成長的極限》（2007年，臉譜）[8]共同作者之一，她在1999年發表的談話中簡短地解釋道：

> 成長是任何文化所能發展出來最愚蠢的目的之一。我們必須擁有足夠……我們該不斷地問：「成長什麼、為什麼、為了誰、誰付出成本、成長能持續多久、地球要付出什麼代價、多少才足夠[9]？」

即便許多有識之士不斷呼籲，人們才剛開始真正理解我們對成長的迷戀，將全球氣候變遷、生態系統，以及財富分配破壞到了何種地步。

我們的想法好像受到制約，相信我們能一直成長，沒有東西會被用完。在十分鐘的動畫短片《東西的故事》（*The Story of Stuff*）以及隨後出版的同名書籍中，安妮・雷納德（Annie Leonard）向我們娓娓道來消費主義的週期，這又稱做「拿取、製造、使用、丟棄」的經濟週期。雷納德解釋消費主義系統在戰後的美國被塑造為一種重啟經濟的方式，從那時起，全世界的工業化國家就紛紛跟著這個週期，剝削地球的資源，製造出生命週期短的產品（有些人諷刺地稱之為「計畫性報廢」），將它們賣給最後會把產品丟掉（不是因為壞掉就是過時，或兩者皆是）的消費者。如經濟學家提姆・傑克森（Tim Jackson）在2010年的TED演講中形容的：「人們被說服要花錢在我們沒有且不需要的事物上，讓我們不在乎的人對我們刮目相看，只為留下沒能持續多久的印象。」這當然是一種線性系統，假裝世界有無窮的資源。如我們在第五藝中探討過的，這不是大自然的運作方式。若沒有時間補充，資源確實會變得有限。消費主義系統免不了會

走向終點，也就是世界上資源用光的時候。結果證明甘地說的話是對的：「地球提供的資源足以滿足每個人的需求，但不足以滿足每個人的貪慾[12]。」或許連甘地都無法想像，停下來這件事對我們來說有多難。

在這樣的個人、經濟與文化背景下，我們要如何找到「足夠的成長」？從宏觀的角度來看，我們可以從納入更多不同的衡量標準開始。僅使用GDP來衡量經濟成功是有缺陷的，因為這個標準相當單一。這種見樹不見林的做法，讓我們相信成長是無極限的這種不可能的事。早在1968年，羅伯特·甘迺迪就說過：

> 「GDP無法反映我們的才智及勇氣，無法反映我們的智慧與學養，無法衡量我們對國家的愛與奉獻。它衡量了一切，但就是無法衡量讓生命有意義的事物[13]。」

對在尋找「足夠的成長」的平衡的我們來說，須要納入更多數據，衡量方程式的其他部分，包括更全面看待人類、世界與資源的方式。這也是甜甜圈經濟學發揮用處的時候。

專注繁盛：甜甜圈思考術

探索了限制成長可帶來自由之後，讓我們深入了解成長週期的下一個階段——蓬勃發展，以及我們如何以不同的方式繼續成長。經濟學家凱特·拉沃斯[14]稱她的經濟模型為「甜甜圈」，明確劃分了經濟的內部和外部界限，與我們在本章前面描述過的限制沒有什麼不同。拉沃斯提供了一種看待經濟的方式，即創造「每個人都能過上有尊嚴、有機會、有社群生活的世界——在這個充滿生機的星球上，我們每個人都能做到這一點[15]」。

甜甜圈的內部是「社會基礎」的界線，是世上每個人為了過上有尊嚴的生活所需的底線。在對渴望社會正義和分配經濟的驅動下，這個界限包含了「食物、水、能源、人際網絡、住房、性別平等、社會公平、政治聲音、和平與正義、收入和工作、教育和健康」。如果有人沒有滿足這些類別中的任何一項，那麼我們就是在拉沃斯所謂的「短缺」領域中運作，亦即類似於我們所說的「匱乏」。

甜甜圈的外部界線是「生態天花板」（ecological ceiling）——為了維持星球的健康，這是我們生活最大的上

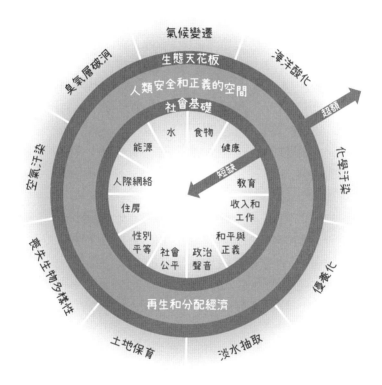

限。這界限包括了「氣候變遷、臭氧層破洞、空氣汙染、喪失生物多樣性、土地保育、淡水抽取、優養化、化學汙染和海洋酸化」。超過甜甜圈的外部界線時，就進入了「超額」的領域，亦即我們稱之為的「過剩」。

　　甜甜圈本身存在於兩個界限之內，即繁榮的領域，拉沃斯稱之為「人類感到安全和正義的空間」，是由「再生和分配經濟」所支撐，亦即我們稱之為的「足夠」。世界要繁榮，全人類（不只是被選中的少數人）都須要繁榮，反之亦然。生活在所述的界線內時，我們可以專注於如何好好生活、把精力集中在蓬勃發展上，這是「足夠的成長」週期的第三個階段。拉沃斯有力而全面的描述了經濟轉型的方式，幫助人類和地球繁榮發展。當然，我們要學習的是，如何讓每個人都能在這些限度內過上充實而豐富的生活。

　　與單一的GDP衡量標準相比，甜甜圈模型是個更全面、更複雜、更準確的觀點，它能使人們在繁榮的星球上茁壯成長。這讓人想起了一句古老的商業格言：「我們重視我們所衡量的，我們衡量我們所重視的。」除非社會開始衡量拉沃斯在甜甜圈中提出的所有類別，否則，無論我們是處於超額還是短缺狀態，我們都不太可能真正開始重視它們。

接著來看看如何使用甜甜圈建立健康的限制，為生活打好基礎。如果按照查爾斯・韓第的思路，除了要遵守財務界線，我們還能在生活中的哪些方面茁壯成長？如先前討論過的，限制不但不會減少我們的可能性，反而是一個健康的容器，使我們能夠蓬勃發展。如同在第四藝中提到的，設定界線所帶來的連貫性能使你在生活中做得「足夠」，現在，請思考限制與擁有「足夠」之間的關係。

 練習二十一：建立屬於你的「足夠甜甜圈」

1. 畫出你的「甜甜圈」：兩個圓圈，一個在另一個之中。兩個圓圈之間是甜甜圈本身——在這裡，你所擁有的就是足夠的，這是你個人茁壯成長的空間，你可以過著富有創造力、快樂、成功的生活。

2. 在最裡面的圓圈中寫下對你來說必不可少的東西，好讓你感覺到有足夠的能力可以茁壯成長。
   你可以借用拉沃斯的分類，寫下你覺得重要的每一項個人最低要求。提醒你，它們是「食物、水、能源、

人際網絡、住房、性別平等、社會公平、政治聲音、和平與正義、收入和工作、教育和健康」。

很可能還有其他東西對你的茁壯成長是必不可少的。回顧第二藝中你的價值觀和目的或許會有所幫助。對我來說，把價值觀寫在這裡很有必要，所以我把它們加了進去。用一句話描述你對每一種價值觀的最低要求，讓你感覺擁有「足夠」。

3. 在甜甜圈的外圍，寫下屬於你的「生態天花板」。這是你對自己的個人影響，也就是你的環境足跡、設定意圖的地方，或選擇消費的方式。那可能是循環利用、如何旅行、選擇買什麼、選擇吃什麼，及選擇支持的慈善機構。這是甜甜圈的一部分，你可以選擇設定收入相關的限制、對地球和資源的影響。對此你可能已經非常清楚，這可能是一種新的思維方式。請反思這一點，以及它對你意味著什麼。

評斷（像是「應該」怎麼做）很容易使我們分心。為擺脫這種情況，做這部分練習時，我會在地板上放三張紙，分別代表「大腦」「心」和「內臟」。然後走到每張紙前，從「大腦」「心」和「內臟」的角度，

感知我希望個人對地球的影響是什麼。與真正想為世界帶來的東西、自己想要的東西相連結，讓我感受到了不同且強大的反應。它確實使我擺脫了被自己或他人評斷的感覺，我邀請你也這樣做。畢竟，你必須真實感受到自己行動力的極限。

4. 現在思考一下，在甜甜圈的範圍內生活，也就是在「足夠的成長」的界線內充滿活力地生活是什麼樣子。

   你可以具體想像蓬勃發展的樣子，想像一切都很順利，你正在實現你的價值觀、生活有意義。在你的生活中發生了什麼事？你感覺怎麼樣？寫下並描述那些模樣。這可以是個奇妙的創造性過程，你可以透過其他章節練習了解自己後得到啟發，然後描述出你「足夠」的生活。我的甜甜圈裡有以下這些句子：我屬於這裡、我與他人相連結、我生活在社群中、我有時間品味生活、我在心流中工作、我有時間處理生活的各個面向、我與他人一起工作，並做出積極的改變。

5. 現在思考一下，你可以如何改變生活，以與已經擁有的資源相連結，進入一個滿足你基本需求的地方，而

不超過你在健康地球上可持續生活所需的健康界線？
學習在個人的「足夠」界限內生活時，這分清單可以
成為你「足夠的成長」的重點。

　　我並不是說重新平衡全球經濟和環境的巨大不平衡任務
要靠個人來完成。毫無疑問地，要在全球範圍內實現「足夠
的成長」，使人類能夠在甜甜圈的限度內生活，即每個人都
有足夠的食物，並且不超過地球的限度，需要政府、企業和
各行業大規模的承諾和共同的行動。他們（就像我們一樣）
須要擁有足夠的心態，也就是一種整體的觀點，甚至是意識
上的轉變。話雖如此，我相信每個人在這個空間所做的事情
都確實很重要。每個人如何選擇在地球上生活，不僅影響了
地球的發展，也影響了其他人和我們自己的生活。我相信，
過著「足夠的成長」的生活，對每個人和地球的福祉都很重
要。當我們充滿存在感，意識到自己的行動和影響力，就可
以選擇以能帶來真正改變的方式行事，並獲得深刻的滿足。
至少從我的經驗來說，我很肯定這一點。

少即是多

　　過去七十年來有一個明顯的經濟學悖論，在西方國家尤其如此，就是人們的幸福感沒有隨著個人平均的財富持續增加。環境學家與作家喬納森・波瑞特（Jonathon Porritt）用「鱷魚圖表」（crocodile graph）來描述這個現象。許多國家的例子都顯示，上方線條代表人們不斷增加的財富，底部水平線則代表人的滿足感，圖表看起來就像是張大嘴的鱷魚。

　　許多年來，政治人物、經濟學家、心理學家與研究人員都對這個難題感到百思不解。或許這個圖表描述了我們內心都知道的事——滿足了基本需求後，更多的財富並不會自然而然地為我們帶來快樂。佛洛伊德說過，金錢不會讓我們開心，因為它無法滿足我們內心孩子氣的渴望。在數百位心理學家多年的研究下，有一整個幸福產業來幫助我們找出什麼能真正讓我們開心——內在動機、與他人的連結、天職、目的，或是照顧自己的身心靈。這個研究告訴了我們，當有了足夠的財富，更多的財富並不會增加幸福感。

　　不僅如此，即使我們擁有「足夠」的財富來滿足需求，仍然可能因為看到其他人擁有得比我們多，而立刻陷入「匱

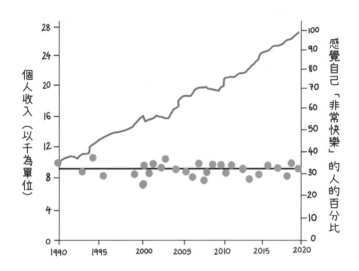

乏」。肯尼斯・葛拉罕的著作《柳林風聲》（2020年，字畝文化）中絕佳的描述了這一點[16]。書裡其中一個角色是「無可救藥的蛤蟆先生」，他本來非常滿意他的小船，直到他看見一輛敞篷大馬車經過，他也設法去弄了一輛來，但開心沒多久，他又看見一輛汽車……故事幽默滑稽地敘述他如何著迷於擁有。許多數據證實，最快樂的國家是社會上貧富差距

最小的國家，這是很人性且容易明白的事情。精神生物學組成也證實，渴望公平是人類的天性。如大衛・洛克（David Rock）在《順著大腦來生活》[17]中所說的：「公平是大腦的主要需求。公平的感覺會創造強烈的獎勵回饋，不公平的感覺會產生威脅反應，這可能持續數天。」本來覺得自己很好運，直到發現別人付出得跟我一樣多，得到的卻比我多，更糟的是，在這個沉迷社交媒體的時代，想不與他人比較更是難上加難。從心理健康的統計數據來看，社交媒體不僅不會讓我們更開心，反而會對許多人造成傷害。這一點我們將在下一章來探討。

那麼，「足夠的成長」能教會我們什麼？它能教會我們一個簡單的事實──與他人比較會把我們推向「匱乏」。我們會過度彌補，最後獲得比所需更多的東西，反而落入「過剩」的境地。重新平衡自己，找回真正地去欣賞、珍惜自己擁有的東西，回到「足夠」的狀態。關注所擁有的事物，而不是缺乏的，就能培養感恩之心、存在感與意向性。在《麻理惠的整理魔法：108項技巧全圖解》[18]（2015年，方智出版）這本舉世聞名的書中，作者近藤麻理惠闡述了她如何過上「告別雜亂生活」的原則。近藤指出，我們在家中應該只

留下有用或是令自己「怦然心動」的東西。我喜歡近藤在這裡使用「怦然心動」一詞。她在全球爆紅時，我想這是吸引人們的一大重點——近藤不只是讓屋子變得整潔，更為生活帶來喜悅。不只是單純的快樂，也讓生活充滿我們喜愛、欣賞和珍惜的事物。她這樣描述：「當某件事讓你怦然心動，你會感受到一種顫動，彷彿身體的細胞在慢慢甦醒。」身體的感受提醒我們喜悅不存在於大腦，我們不是思考喜悅，而是感受喜悅，訊息的泉源來自我們的身體。此外，近藤指出，即使丟棄不再有用或帶給我們心動感覺的物品，我們仍應抱持感激。她寫道：「用感激之情送走曾經陪伴你的東西，你會更加欣賞、更想好好照顧生命中的事物。」給自己新的空間之後，會產生什麼可能呢？

　　一個朋友寫信告訴我，用怦然心動整理術後屋子中產生了什麼變化。她說：

> 我丟棄了各類別約20%到40%的物品。我不想念那些東西，真希望我能更留意到自己過去的囤物行為。我從不覺得自己是個追求物質的人，但在貧困的戰爭背景下長大，我習慣了資源匱乏的狀態，變

得難以割捨多餘的物品。擁有的比需要的多，讓我感到超出負荷。斷捨離讓我感到自由。現在，我會更有意識地購物，選擇符合永續目的的產品，只留下輕盈的碳足跡。

「怦然心動」的做法提醒我們，擁有「足夠」也與我們所重視的事物相關。那不一定是物質，也可能是體驗。如果你跟我一樣，曾深陷於錯失恐懼（FOMO），那麼不妨了解一下澳大利亞詩人麥可・盧尼（Michael Leunig）所謂錯失的快樂（JOMO）[19]。他的詩美妙地做出了總結：

> 啊，錯失的快樂。
> 當世界開始喧嘩
> 並湧向閃亮的事物；
> 最新的酷玩意──
> 試著擁有它、看它、嘗試它，
> 你知道你不會經歷它；
> 焦急的呼喊和需求
> 餵養不停歇的飢餓胃口
> 反之，你感受到可愛；

你空虛的喜悅。
你屏棄架上的寶藏
選擇平和的自我；
沒有遺憾，沒有懷疑。
啊，錯失的快樂。

　　當我們有能力品味自己擁有的，單純注意到當下，一杯茶、春日的水仙花、家中特別漂亮或實用的東西，都能讓我們進入「足夠」的狀態。再一次回到當下，覺察到我們在哪裡、有哪些選擇。欣賞生活中所擁有的，無論是我們的內心、資源、工作或擁有的物品，這麼做能讓我們打開心胸培育真正重要的事物。在這樣的過程中，我們的能力就會有所增長。

蛻變的夢想

　　蛻變帶來智慧——一種源自內在並從我們經驗深處獲得的知識。若想蛻變，我們須要擁有開放與好奇的心態，要擴大視野去接納過往被我們排除在外的東西。那些東西或許曾

被我們忽視甚至是丟棄，如成蟲細胞，又或許我們根本不知道它曾經存在過。

2020年，大衛・艾登堡在鼓舞人心卻又令人心碎的電影《活在我們的星球》（*A Life on Our Planet*）中，向世界提供了他的證詞[20]。他最後被問到什麼最能改變我們目前面臨的環境危機時，他回答：「減少廢棄物。」艾登堡呼籲我們終結「拿取、製造、使用、丟棄」的週期，鼓勵我們學習在世界有限資源下生活的價值（如本章探討過的），我們不僅要停止氣候災難，還要逆轉這個趨勢。我們須要真正改變個人與集體的想法，也可以說是心態上的蛻變，從「拿取、製造」到再生及重新使用。「足夠的成長」週期的最終階段，邀請我們挖掘自己的潛力，改變我們與這個地球共存的方式。

要做到這點，我們須要改變看待原物料的方式。這裡說的「原」材料，不是指從來沒被用過的材料，像是那些剛挖掘、砍下來或開採出來的材料，而是開始使用「再生」材料。將使用過且可能被丟棄的東西，當成新事物的基礎。用「新的眼光」看待它們，並發揮創意，提升這些東西的價值和實用性。這不只是針對目前的回收包裝和「廢物產品」，我們還要把一切曾丟棄的東西視為資源，而非垃圾。這麼做

將會對我們的人生造成什麼影響呢？如果捨棄的東西能被轉化成一種資源，以不同的方式再利用，情況會變成怎樣？許多人會習慣再利用物品，例如我的家中就堆滿了空的果醬罐，以準備好存放下一批的印度甜酸醬。此外，還會出現許多重新利用舊家具、升級再造的設計運動。

這種想法正在改變我們運行經濟、製造貨物與利用廢棄物的方式。這樣的轉變恰好呼應了蛻變的比喻，從線性的「拿取、製造、使用、丟棄」經濟到「循環經濟」，彷彿毛毛蟲蛻變成蝴蝶一樣，正如艾倫‧麥克亞瑟基金會提出的循環經濟模型那樣[21]。

循環經濟是全球研究與創新所關注的焦點，被廣泛認為是世界能達到2020年195 國所簽訂的聯合國巴黎協定減排承諾的方法之一。我認為這個模型充滿希望且令人興奮的原因不只是要求你做得少，重點在於以不同的方式做事。凱特‧拉沃斯認為這是個「慷慨的設計」，我們不只試著達到碳中和，也積極在回饋地球、他人和我們自己。

在巨大系統性的改變面前，我們的挑戰是將這件事與個人情感做連結，以獲得更多帶入感，而不是把它當成只有其他人（政府、公司、企業）才能做的事。「慷慨的設計」是

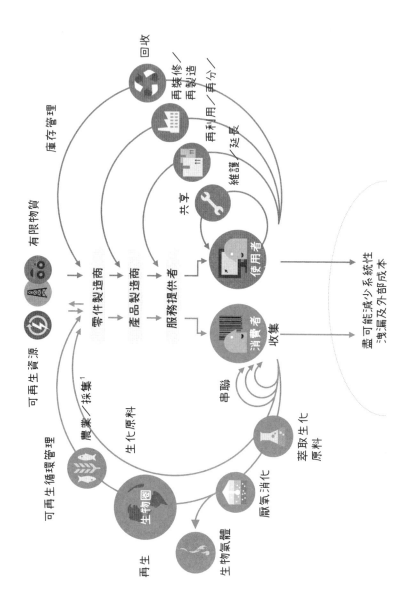

可再生資源

有限物資

回收

庫存管理

再裝修／再製造

再利用／再分／

維護／延長

共享

再生循環管理

農業／採集[1]

生化原料

串聯

萃取生化原料

厭氧消化

生物氣體

再生

生物圈

零件製造商

產品製造商

服務提供者

使用者

消費者

收集

盡可能減少系統性洩漏及外部成本

個有效的賣點，因為它能吸引大我——我們的價值觀和創造力。它也是循環性的——慷慨是種互惠，因此本質上很令人滿足。如十九世紀的哲學家傑瑞米・邊沁所言：

> 創造你能創造的所有幸福，去除所有你能去除的痛苦。每天你將能為他人增添些快樂，或減少些他們的痛苦。在他人懷中種下的每一分愉悅，都能在你懷中找到收成；從同伴的思想與感覺中拔除的不幸，都會被你靈魂聖堂中的美和喜悅所取代[22]。

慷慨是感激與欣賞的近親，是給予和接受間的流動，兩者源自富足的感受且互相依賴。當我們能回報人類或地球，就是正在反映出大自然的豐饒。這也是為什麼社會正義、收入再分配與環境復育之間息息相關。當我們效仿大自然的富足與慷慨，不僅是在做出積極的改變，同時也能發掘自我的基礎核心。作家查爾斯・愛森斯坦如是說：

> 所有生物都渴望展現生命欣欣向榮的樣態。鳥兒歌唱得比需要的多；小貓玩樂得比需要的多；覆盆莓嚐起來比需要的甜多了。你也是一樣，我的朋友，

渴望以美妙的姿態展現你的天賦，比只是活著還要
漂亮得多[23]。

如果我們不僅是清理自己的生活，而是積極重新利用所
丟棄的東西，重新賦予物品用途，那會是什麼樣子？我們能
多做些什麼？

每個人都可以透過許多方式來轉變自我，也有許多線
上資源和社會運動為我們提供如何以富饒生活的想法來打造
繁榮的星球。越來越多的企業從一開始就把自己設定為「富
饒的設計」——越來越多的人都來找他們，不僅是為了購
買商品和服務，而是為了與他們合作。在《目的動力》（暫
譯。*Powered by Purpose*）[24]一書中，莎拉・羅贊圖勒（Sarah
Rozenthuler）談到千禧世代每十人中就有六人用「目的感」
來做為選擇工作的指標。如我們在第二藝中所談過的，目的
的一部分與內在動機相連結，另一部分與他人相連結，能做
出比個人利益更大的貢獻。有越來越多的人都在想方設法地
同心協力為社會做出積極貢獻，人們這麼做不僅是為了謀生
工作，而是為了回饋。

打造這種「足夠的成長」願景的企業正在茁壯成長。從

服裝企業Patagonia到衛生紙公司 Who Gives a Crap，許多例子都表明，企業在塑造他們的產品（無論是產品還是服務）時，除了會做出積極的貢獻，也承諾會抽出部分利潤展開行動，讓世界變得更好，或是透過宣傳和使用他們的平台來教育消費者。這既擴大了消費者的選擇，也拓寬了「足夠的成長」的架構。我們不僅可以選擇購買更少的產品，還有更多種對我們生活世界有積極貢獻的商品可選擇。

足夠的成長的智慧

在為你個人帶來「足夠的成長」週期的轉變階段，你須要深入審視自己的內心，回顧自己在世界中生活和工作的方式。思考有什麼東西是你習慣性忽略或拋棄的，這些東西都可以成為你下一步行動的資源。這麼做可能需要時間，需要在未知的「迷霧」中待上一段時間。然而，考慮到所擁有的資源，以及如何將它們傳遞出去，或重新使用它們，讓我深思熟慮著如何將我在這一路上學到的東西傳遞給其他人；如何慷慨地運用我所擁有的資源；如何將心碎轉變為希望。關於這些事，對我來說，尋求「足夠的成長」會令我產生深刻

的共鳴。我相信大家一起在做這些事時，我們就會開始注意到自己渴望轉變。就我個人而言，我的「蛻變之夢」是當每個人都能說：「我是富足的」「我做得夠了」和「我擁有得夠了」。如此一來，我們就能因著感受到愛、富足和慷慨，而一起為共同繁榮投入能量，這是為了自己、為了彼此，也為了自然世界。

足夠的成長總結

- 我們需要新的成長模型以找出個人及全體永續茁壯的方式。
- 無止盡的成長是個迷思，那不會讓我們快樂。
- 處於「足夠的成長」的健康限制內，我們就可以自由地關注於自我的茁壯。
- 欣賞所擁有的事物能為我們帶來快樂。
- 要讓所有人成長茁壯，我們須要思考蛻變。當我們處在限制內且每個人都有所需的東西，會產生哪些可能？
- 足夠的成長源於慷慨與感恩的精神。

- 足夠的成長會運用到我們的創造力以及最深層的意義感，如此才會使我們蛻變成長。

擁有足夠的成長，所帶來的轉變性潛力是……

……增加智慧

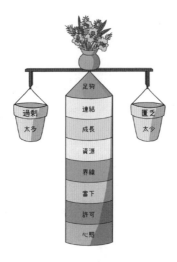

第七藝：足夠的連結

將「足夠」凝聚在一起的愛

自然情感的流露，使人們更親近。

威廉・莎士比亞[1]

在第七藝中，我們將探討關係與連結的重要性，一起在世界中找到健康、可持續的平衡，並吸取自己的優點。世界正面臨時代的挑戰，如氣候危機及其帶來的後果，所以我們要思考如何連結自己最深層的渴望、彼此與自然的關係，這才是找到平衡和做出必要改變的關鍵。

我們將深入探討：

- 生活在「匱乏」文化中要付出的高昂代價
- 愛——「足夠」與「連結」背後的力量
- 更多的共同點：與彼此間「足夠的連結」
- 未來：守護我們的子孫
- 自然：恢復重要的關係
- 連結是擁有「足夠」的基礎

生活在「匱乏」文化中要付出的高昂代價

看看周圍的世界，不難了解為何這麼多人會落入「匱乏」或「過剩」的處境。社會上人們感到寂寞和孤立的情形不斷增加，對年輕人和老年人來說尤其如此。全球疫情使人

們生活及工作的方式加速通往分離。大部分的人住在都市，很少與土地產生連結，這使人們容易忽略了我們賴以維生的土地。難怪許多人並不覺得改善棲息地的氣候災難與生態破壞是當務之急，因為這些事讓人感覺太遙遠了。地球的需求與我們的生活斷開連結，如同我們和彼此甚至是自己斷開連結。在討論如何重新平衡並找到「足夠的連結」之前，先讓我們來探討在這種「匱乏」文化中生活所要付出的代價。

　　對2030年代的人們來說，數位形式將是主要的連結方式。這本身不是一件壞事，完全不是！數位平台和社交媒體在新冠肺炎疫情的時代是個贈禮，在二十年前，我們根本不可能用這種方式連結彼此。但用這種方式相互連結有個代價——缺乏面對面人性化的交流。這讓我們很容易忘記如何感到「足夠」。當日子裡充滿連續不斷的線上會議，我們很容易陷入與他人的比較中，或忘記自己需要人際往來。

　　社交媒體是個找到連結和建立關係的好方式，但它也是個殘酷的地方，充滿了比較、批判甚至是匿名憎恨。就心理上來說，這讓人感覺非常不安全，難怪我們會被觸發進入「匱乏」的狀態。保護自己的唯一合理方式，就是只與他人分享編輯過的人生精彩時刻。這個做法與連結完全背道而

馳。我們不願承擔展現真實自我的風險,所以提供了理想化的版本,例如手舞足蹈的樣子和歡快的微笑。我們要變得「棒極了」「令人讚嘆」「太美妙了」「超讚!」只向世界展現這一面,同時卻承受著與內在聲音、內在指引和內在生活斷開連結的風險。對一些人來說,向外展現出真性情,會讓他們感到難堪或難以承受,除卻自豪地宣布、分享自己已經康復痊癒的勵志故事之外。這麼做會付出的高昂代價就是,我們將落入羞愧感的陷阱。布芮尼・布朗博士研究並大量撰寫了關於羞愧感與脆弱的文章,她說:「羞愧感是對失去連結的恐懼,對所做或未做之事感到恐懼。我們未實現理想或未完成目標的恐懼,讓我們感到不配擁有連結。**認為自己不配或不夠好,因此無法得到愛情、歸屬感或連結**[2]。」這是許多人痛苦的親身經歷,他們感覺要獲得連結與歸屬感是要滿足某些條件的,而且受到不被信任的恐懼所驅使。這著實令人感到寂寞。

在工作場合中,我們也在付出斷開連結的代價。全球疫情期間,世界轉向網路平台來進行連結與做生意,人們失去了與他人的連結。起初,線上會議使我們失去了社會性互動,因為再也沒有人會在辦公室走廊遇到其他人,也再沒有

茶水間的閒聊與八卦時光。取而代之的是，人們上線、完成一堆議程，然後下線，而且很少有時間在下一場會議前喘口氣。我們慢慢意識到少了人際互動，等於放棄了基本的人類需求。少了人際互動後，接踵而來的每一天都讓我們沒時間停下來一起喝杯茶，與他人分享自己的心得。以往，我們都是在那樣的時刻中與他人產生連結，不只是經由工作本身，而是透過工作上的共同經驗。

　　讓我舉個例子。疫情爆發後的五個月，我受邀主持一個講座，向一個執行團隊做分享。這個團隊一直以危機模式運轉了數個月，成員每個人都很勤奮地工作，但每個人也都累極了。我問團隊成員，自危機開始後，他們會多常問候彼此？儘管他們一週會開三次會，但他們的回答卻是：「我們沒有這樣做。」因此在團隊日的前半天，我邀請大家聊聊他們好不好，讓大家彼此分享恐懼、脆弱、擔心和成就。團隊成員公開談論個人的感受、家庭以及對新工作方式的感想。隨著時間的經過，我發現每個人顯然都很須要談論這些事，他們很想念與他人的連結，畢竟身而為人，誰都希望被看見、被聽到。這麼做的影響非常顯著，所有人都強烈地體會到了這一點。連結不僅是件好事，也是幸福的關鍵。我們要

能充分運用時間（不論其長短），將這件事安排進議程裡。講座結束後的幾個星期，團隊成員告訴我，這麼做不僅改變了他們的感受，也改變了他們的工作方式。他們找到了協作的方式，讓團體變得更容易進行計劃，大家都再度燃起了集體的歸屬感。

現在，讓我們來看看與土地和自然循環斷開連結所要付出的代價。我們都聽過類似以下的故事：全球，尤其是居住在貧困區域的都市兒童，都不曉得牛奶來自乳牛、雞蛋來自母雞，或是洋芋片來自馬鈴薯。我們或許會對故事象徵的連結斷裂搖頭嘆氣，但我們之中又有多少人真正意識到南美洲的雨林（又名地球之肺）正在被濫砍濫伐，以用來種植大豆餵養雞與牛，好提供理想的肉品數量與價格給富裕國家？隨著越來越多人選擇居住在都市（在2020年，有74.9%的歐洲人與83.6%的北美洲人都是城市居民，這個比例在全世界不斷攀升）[3]，我們與土地斷開連結的風險也不斷在增加。但自然世界是我們的源頭，是我們共同的家，這不只是關乎知不知道食物如何製成的問題而已，更關乎了與自然斷開連結的基本風險。

愛德華・摩根・福斯特（E.M. Forster）在他的小說《綠

苑春濃》（2001年，聯經出版）中寫道：「只要連結……就再也不會活在碎片之中[4]。」對每個人來說，無論是個人還是集體的生活，找到各個層面上的連結，遠離「匱乏」與「過剩」並回到「足夠」都是個真切的需求。沒有人可以獨自解決這個世界的挑戰，但當我們連結心之所向、彼此與自然世界，每個人都有機會做到最好。

愛：「足夠的連結」背後的力量

　　探討過斷開連結要付出的高昂代價後，接著一起來看看我們能從學習「足夠的連結」的藝術中獲得什麼。如我們所見，連結對我們的存活至關重要，因為我們與人最重要的關係都是奠基於愛。布芮尼・布朗對連結的定義深得我心。她是這樣描述對連結的定義：「當人們感覺自己被看到、被聽到和被重視；當人們可以不帶評判地付出和接受；以及當人們能從關係中獲得寄託和力量[5]。」這對我來說，聽起來就像是愛。在《力與愛：一趟引導社會變革的世界紀實》（2016年，財團法人朝邦文教基金會出版）一書中，亞當・卡漢（Adam Kahane）舉出一個對愛的定義：「從分離走向結合的

驅動力。」卡漢也提到：「從這個意義上來說，愛是重新連結並將碎片變得完整的驅動力[6]。」

為了脫離目前的「匱乏」與「過剩」文化，以獲得「足夠」的力量，我們不只須要連結，更須要重新連結。有部分人記得要活出完整人生所需要的東西，以及這些東西對我們能過上富足的人生有多重要。與重要的事物重新連結，包括自己的內心、他人或這美麗的星球，代表我們必須再次團結起來。這讓我想起美麗的日本工藝「金繼」，也就是以金箔修補破損的瓷器。與其試圖掩蓋破損的痕跡，用金箔將碎片結合在一起，反而使物品能夠美麗重生。精心修補後的陶器就是代表「足夠的連結」的美好意象。這樣的連結成為了藝術上不可或缺的一部分。當我們重新連結起生活中那些支離破碎的部分，就是在尊重人類的深層需求 —— 變得完整、與他人保持聯繫、因為愛而凝聚在一起。

如果我們接受「足夠的連結」的核心是愛，那麼要處在「足夠」的狀態，並過著真正完整的人生，就須要愛自己。作家貝爾‧胡克斯（bell hooks）在《關於愛的一切》（2022年，遠流出版）一書中說明了為何愛自己如此重要[7]。

愛自己是一切愛的基礎。少了自愛，其他的努力都
將失敗。透過自愛，我們給了內在自我擁有無條件
的愛的機會，這可能是我們一直渴望從他人身上得
到的……給自己這個珍貴的禮物，我們將能以富足
而非匱乏之感，向外與他人互動。

　　根據這個架構可以看出，用自愛與他人連結，我們就會
回到「足夠」的狀態，而不是處於「匱乏」的狀態，這點正
與本書第一部中所討論過的一樣。從更深層次來說，這代表
我們是被愛的、值得愛且富足的，也代表我們能向外與他人
連結，不是一直嘗試彌補自己所缺乏的。關於內在一致性是
外在一致性的先決條件這個論調，我對此持保留態度。這兩
者不一定先後發生，或是滿足條件後必定會發生某結果。但
可以確定的是，這兩者都須要受到照顧。根據我的經驗，如
果我感到自我價值低落，感到不「足夠」或不稱職，將會更
難真正與他人連結。這也是為什麼相信自己是「足夠」的很
重要。當我們知道自己是「足夠」的、有歸屬與值得被愛，
就能在不同地方建立新的歸屬感。「足夠的連結」是一個完
美的贈禮，我們從此開始向外伸展。當我們愛自己，就能去

愛人，反之亦然。

更多共同點：與彼此有「足夠的連結」

　　要找到「足夠的連結」，我們可能須要轉換觀點，拓展能與誰連結的概念。這是承擔二十一世紀挑戰共同責任的態度，即專注在連結而非分歧。已故的英國國會議員喬·柯克斯（MP Jo Cox）說過一句名言：「比起分歧，我們是更加團結，而且有更多共同點的[8]。」當我們能看見並連結彼此人性的一面，就能超越那些使我們分離的事物。在1990年代的北愛爾蘭，在真相與和解的過程中，有個規則是，人們在休息時間只能聊他們的家庭。這是一個有意的嘗試，鼓勵人們聚焦在彼此的共同點上，據說這麼做產生了深遠的影響。

　　面臨二十一世紀第一季度世界上巨大的不平衡，許多國家人口被分成兩種極端（恆久）的世界觀。一是保護自己及防範他人的生存需求，二是保護彼此並合作的需求。這兩種看法逐漸被貼上政治立場的標籤，如左派和右派，我們在社會上看到的隔閡和兩極化的意見就是來源於此。

　　「足夠的連結」的夢想是超越這兩種世界觀，不再用非

黑即白的眼光看待事物。我們須要融合兩者，試著了解每個觀點的源頭。我發現，將這兩種世界觀想成是每個人之中必要的部分很有幫助。羅伯特・迪爾茨（Robert Dilts，神經語言程式學的創始人）描述人類有兩個互補的層面：自我與靈魂。自我以存活、認可和抱負為導向，與孤立主義的世界觀不謀而合；而靈魂是以目的、貢獻和任務為導向，更符合全球化的世界觀。他提到對個人來說：「在兩股力量融合時，會自然湧現出魅力、熱情與存在感[9]。」如同迪爾茨提到整合內在的需要，假如我們能認可兩種世界觀的優點與人類的需求，並結合這兩者來為我們所面臨的全球不平等和氣候災難找到解決方案，情況會變得怎樣呢？在我們為了世界（以及我們）的永續生存而尋找「足夠」的事物時，越是能尋求整合、連結與一致就越好。

　　在今日的論述中，處在同溫層有很大的風險（尤其是在網路上），因為我們只跟像自己一樣的人連結，導致看不見世界上有許多分歧和派系主義。如果我們要找到「足夠的連結」，就要向外看，與不認識或意見不同的人相連結。我們須要與比自身更大的目的相連結，才能克服在這世上「擁有得足夠」的挑戰，並在這個星球的極限內共享資源。要做到

這一點，我們須要廣泛地進行連結，開啟重要的對話，不只是跟相同觀點的人，還要跟不同觀點的人對話。

 練習二十二：找不同

這個練習聽起來很簡單，但需要很大的勇氣。

- 試著找一個不是你平常會待圈子，或是跟你的觀點、生命經驗很不同的人。
- 跟他們進行對話，談談對他們而言重要的事，話題或許會與「足夠的藝術」相關。你所要進行的挑戰在於彼此聊得開心，不陷入非黑即白的立場，雙方應避免不斷重申自己堅持的立場。
- 就算你並不認同，也請認真聆聽對方的觀點，了解他們想法背後的原因。
- 反思一下以這種方式做連結的感受。你須要付出哪些代價？對你和對他們來說，有哪些收穫？

我們須要重新找到與不同觀點的人對話與辯論的能力，

在學會這麼做之前，我們都無法善加利用自己的能力，應對正在面臨的挑戰。多年來，我都在各組織、團隊內支持人們在重大時刻開啟對話。對方不同意我觀點的經驗讓我明白，良好的對話只會在以下情況發生：

- 每個人心中都感受到安全——這點可透過人與人之間的互動來達成；
- 在對話時保持禮貌與尊敬——這通常是非語言的，而是與音調、肢體語言或是環境氣氛有關；
- 每個人都有感覺被看見、被聽見——雙方都能認真聆聽並提出開放式問題；
- 雙方都同意對話有一個共同的目的，使對話奠基於共同的利益；
- 雙方都避免並克制要辯贏對方的慾望。

我合作過最成功的企業領導者都專注在創造共同的目的——一個讓人們能放下差異並認同的願景。成為比自身更偉大事物的一部分會讓個人感覺良好。我發現，把思考的重點從「我」轉向「我們」時，自己的能量很快就會有所改變——進入服務與連結（從自我轉向靈魂）。這個外在動作

讓我與我的目的和價值觀相連結，大大增加了我的行動力和完成事情的能力。結果顯示，這件事並沒有那麼難。其實，這是構成我們的一部分。人類天性自私和充滿個人主義色彩的謬論已經完全被拆穿了。凱特‧拉沃斯這樣說道：「結果發現，說起與近親以外的人一同生活，智人是地球上最有合作精神的物種，勝過螞蟻、鬣狗甚至是裸鼴鼠[10]。」當我們將能量與注意力專注在連結彼此與合作，我們就觸碰到了人性最根深柢固的部分。

　　將自己視為整體的一部分而非其中個體時，我們會做出不同的決定。我們不只是與彼此連結，而是成為解決方案的一部分。人類學家瑪格麗特‧米德（Margaret Mead）說過一句名言：「永遠都別懷疑一小群深思熟慮、堅定不移的公民可以改變世界。實際上，世界向來都是由他們所改變的。」我覺得這個想法非常激勵人心，提醒我們即使覺得面臨的挑戰龐大無比，但我們在社區裡和他人一起做的小事都確實能產生影響。人們在全球進行的小規模基層合作社群行動，確實能促成改變。在《本土化是我們的未來：通往幸福經濟之路》（暫譯。*Local is Our Future: Steps to an Economics of Happiness*）[11]中，作者與電影導演海倫娜‧諾伯格霍奇

（Helena Norberg-Hodge）指出，小型的當地倡議正是開啟大型系統性改變的起始。那不僅較能持續下去，對身心健康也有益處。她說：「人們意識到與彼此，以及與大自然本身連結，是人類幸福的泉源。激勵人心的新倡議每天都在不斷湧現，為真正的繁榮加柴添火。」

未來：守護我們的子孫

要找到「足夠的連結」、用永續的方式在地球上共同生活，並長期發展茁壯，重新檢視我們與未來的關係或許會有幫助。在《長思短想：當短視與速成正在摧毀社會，如何用長期思考締造更好的未來？》（2021年，商周出版）中[12]，羅曼・柯茲納里奇（Roman Krznaric）認為，我們須要開始與未來有更多的連結，尤其是我們（集體）的後代。他幫忙提供了「六個長遠思考的方法」：

- 深時謙遜：明白我們在宇宙時間中只存在一眨眼的時間。
- 傳承思維：讓後世記得自己的好。

- 世代正義：為接下來的七個世代著想。
- 教堂思維：訂定超越自身壽命的計畫。
- 整體預測：為文明設想多種途徑。
- 超越性的目標：為我們只有一個地球的觀念而努力。

　　用這個方法來為我們須要做出的改變提供架構，很明顯的一點是，為確保未來子孫生活的資源不會太少，我們現在就須要停止擁有太多。在現在找到足夠的藝術代表未來的世代也能擁有「足夠」。這就像是我們將天秤重新轉向來容納一個新的時間維度。當我們像「好祖先」一樣思考，很快就會想到超越壽命時間之後的事，這是放下自我的終極練習。我們要超越自身與自我的需求，以寬容服務的心態過生活，不單是想著自己的需求，而要想著能為更大的群體貢獻些什麼。如此一來就能找到與後世的「足夠的連結」，激勵我們在自己的生活中找到「富足」。

　　當我採取長遠的時間觀，我發現，人們明顯地與自己族群及環境的連結斷裂了開來。我們失去了祖先曾擁有的那種為後代打拚的奮鬥感。第二次世界大戰後，我們關心的重點變得更加立即性，較不關心打造出可以流傳後世的遺澤。

長期思維是個強大的哲學，世界各地的原住民部落也如此相信。北美洲的易洛魁人在十二世紀建立起聯盟，並相信他們將領導未來七個世代。一如他們向七個世代的祖先致敬那樣，他們所做的一切決定都必須考慮到對未來七個世代族群與土地的影響——這大約是140年的時間。有句阿帕契的諺語說得很好：「我們不是從祖先那裡繼承土地，而是從子孫那裡借用土地[13]。」

　　以這種方式思考需要出色的想像力，而且這可以是一個十分有效的練習。當我回顧叔叔花了多年製作的族譜，就可以想像祖先的生活。一些歷史的情境與資料（舊照片、日記和信件）呈現出了過往的生活。透過想像他們的歡樂、難關與人生經驗，我可以與祖先連結並緬懷他們。放眼未來需要勇氣，因為其中含有許多的變因，我感覺這行動帶著點科幻。總之，我一般可以想像到未來的三個世代，如我的女兒們、姪子和姪女，以及他們小孩所處的世界。這使我停下來思考，並確實激起了我對於人生中大小決定的責任感。我有一種傳遞接力棒的感覺。從過去的世代手中接收我被給予的，然後為後代做出貢獻。我喜歡這種對稱感，它給我一種自在和深深的意義感。

練習二十三：給後代的一封信

- 寫一封信給你的後代子孫，讓他們在五十年後甚至是一百年後閱讀，告訴他們你在二十一世紀初期做了什麼以擁有「富足」。
- 看著你的信並思考，這對你現在的生活方式及每天做的決定有哪些影響？
- 你可以如何改變生活方式，來確保後代子孫能擁有「富足」？

　　許多環保人士多來年不斷提倡，我們須要重新擔任起管理者的角色，為決策提供指引，保護未來世代的遺產。柯茲納里奇（Krznaric）提醒我們，人類並不是一直都如此短視近利的。歷史上，人類多次展現了他所謂的「教堂思維」，進行超越自身壽命的計畫。對你來說，這項計畫是什麼呢？對整個群體來說，這項計畫又是什麼呢？以這種方式展望我們的後代，並再次提醒自己愛是「足夠的連結」的根源。想像人類（我們集體的後代）將活在我們今日的決定之下，我們可能更容易用一種愛的感覺去與他們以及他們的生活做連

結，希望他們過得好、過得開心。這也為我們的決策帶來了不同的切入視角。

猶太人大屠殺倖存者與心理學家維克多・弗蘭克（Victor Frankl）在《活出意義來》（2008年，光啟文化）一書中[14]提出了見解，我認為那深刻地表達了對長期思維與「足夠的連結」的需求。他提到，除非我們負起責任，否則不可能自由，因為這兩者本質上是相通的。他說：

> 自由不是全貌，只是真相的一半……實際上，若離了責任，自由很容易退化成武斷。這也是為什麼我想建議美國東岸的自由女神像，應該要搭配一個西岸的責任女神像。

那會是個多麼棒的象徵！「自由之地」的責任女神像是在提醒我們，每個人與彼此、土地、祖先、後代相關聯，我們不僅對彼此，也對所處的地球負有共同照顧的責任。

任何一位歷史學家都會告訴你，回顧歷史的好處在於汲取教訓，可以幫助我們改變現在並打造更好的未來。二十一世紀初期似乎是個重大的時間點，我們多著眼於立即性的短暫成果，幾乎忘了過去無數個世代人們所獲得的血淚教訓。

我希望邀請每個人重新找回集體的責任感、管理者身分與遺產，不只在現在的生活中，也是為未來的世代找到「足夠」。試想，這個觀點對我們的生活、工作、領導他人和過自己人生的方式，會帶來什麼改變呢？

自然：恢復重要的關係

在2005年加州大學柏克萊分校自然資源學院的畢業典禮致詞上，伊洛魁聯盟的奧農達加族酋長歐倫・里昂（Oren Lyons）說過：「你們口中的資源，是我們的親戚。如果能想到彼此的關係，你們就會對這些資源好些，不是嗎？回到這個關係裡吧，因為這是你生存的基礎[15]。」幾世紀前，全世界人類共享的思維，對今日西方世界的我們來說，須要典範轉移才能做到。從「使用」「取得」「剝削」地球無生命的自然資源，轉換成我們能深刻連結的事物。這個方法再次使我們回到「我們」，而不是「我」。我們不再對世界抱有交易性的理解（這種理解的本質是支離破碎的），而是抱著互相依存的概念，認為萬物都互相連結。

非常諷刺的是，幾乎我們所有人（包括我自己）都會讚

嘆於海邊日落的美景、陽光流瀉的蓊鬱樹林，或椋鳥群飛的景象，同時卻不經意地在每一天中做著、吃著、用著會對地球造成傷害的事物。我們的生活方式毫不關心地球的福祉，有時光是思考如何重新連結自然世界、以夥伴關係來生活都很困難。這肯定需要集體的目標與行動。此外，這也需要愛。查爾斯‧愛森斯坦（Charles Eisenstein）這樣說道：

> 地球有生命。我們能夠去愛有生命之物。我們的願望是為所愛服務。當我們的所愛病了，我們希望能減輕其痛苦並提供療癒。我們越是了解它，越能好好治癒它[16]。

　　我們須要再一次與大自然談戀愛，做真正地連結，如此我們就能了解自己與自然的關係，將自然的持續繁榮列為優先。如同愛自己是解鎖「足夠的連結」感受的鑰匙，對大自然的愛也是與地球產生「足夠的連結」的鑰匙。許多人都渴望生活的完整性與療癒感，而這也正是地球所迫切需要的。

　　這聽起來可能很不科學、充滿幻想，這也的確不是驅動西方農業與工業革命背後的機械科學。實際上，這個論調與較新的世界科學觀一致，皆是奠基於量子物理學，即世界是

由富有生命的原子所組成。我們可以援引序言提到的蓋亞假說，即世界是緊密相連的——在一個地方發生的事情，對世界的其他地方也都會有影響。

若採取後設觀點，過去四百年間，理性、科學和物質心態一直主導著西方世界。在許多方面，這當然促成了很多很棒的發展，以及人類美好豐富的生活。但代價是撇開了自然世界，以及我們與它的關係。這使人脫離了自然，認為地球可供我們使用、擁有。這導致我們的腦袋（理智）、心（關係）和內臟（直覺）關係斷裂。理智掌控了一切，情感與關係的價值和重要性低於思想與智力。而直覺則作為一種無關緊要的人類特質被忽視。如我們討論過的，這會損害世界和人類，現在我們須要重新整合自己與大自然。以下再次引用愛森斯坦的話：「是時候認知到我們與這個地球是相互連結、共生共榮的夥伴關係。」當我們重新平衡自身，找到足夠的藝術，就能重新平衡我們與我們共同家園的關係。我們可與自然世界重新整合，使其成為生活中活躍的部分。

要做到這點，就要真正參與這些大議題並與之連結，行動必須建立在實際具體的基礎上。我們必須腳踏實地與大地母親連結，否則我們容易迷失在抽象概念中，或是迷失在

告訴別人該做些什麼的過程中。我們可能落入超載並處於「過剩」的狀態，在執行被要求去做的事情時與人失去連結。找到我們對自然的真實感覺非常重要，不過這當然也因人而異。最初個人的連結會像漣漪一樣往外擴散，影響我們生活和工作的方式，以及與家庭、組織及社群的關係。以下是一些簡單的活動，可以重新燃起我們對自然的「足夠的連結」。活動設計的原理很間單，概念則是來自珍視當下。

 練習二十四：與大自然連結

- 種下一粒種子，培育它的生命。這點燃關愛、慈悲與自豪的程度，將讓你感到不可思議。
- 在一個陽光普照的日子，躺在地上。
- 光著腳丫站在戶外，感受腳底下的土地和你頭頂上的天空。
- 坐在水邊或游泳，無論是河流、游泳池或海邊都好。
- 找到一個讓你與大自然的關係活絡起來的地方，並經常造訪該處。

每天花時間待在大自然裡讓我感到很受滋養，也撫慰了我的靈魂。我有幸住在牛津的泰晤士河邊，每天早上，我都會沿著河邊跑步。在冬季，有時我會在星空下跑步，看夜空與樹影相互輝映；在春季，景色變得更為鮮明，每年我都會體驗到新生枝枒、柳絮和鱗莖帶來的顫動與欣喜；在夏季，跑步時夜幕早已低垂，我得以享受夏夜的涼爽；在秋季，我最愛的馬栗樹會落下美麗的果實，我會撿起一、兩個果實放進口袋裡，並像孩子般感到興奮，讚嘆果實美麗精緻的細節。如果運氣好，我會看到翠鳥掠過，美得令我屏息，我視牠為恩賜——大自然以五彩繽紛般的藍色來提醒我她的豐饒。我的親身經驗是，每天花半小時與大自然連結，將更能與自己、他人連結，並在世界上做出積極的貢獻。這很踏實且激勵人心。我相信，無論用什麼方式來找出時間與大自然連結，大自然都能在當下豐富我們的生活，並為我們提供長久的資源。

從根本上來說，要找到集體的足夠的藝術，須要重視與自然的「連結」。這種關係，如同任何一種關係或連結，會在平衡中蓬勃發展——也就是我們付出與收穫一樣多的時候。幸運的是，我們並不是從零開始——情況遠非如此。

世界上有越來越多人們在提倡長期的運動，他們在工作與生活上與地球相連結，已經在為我們做出長期可持續的改變鋪路。我只會在書中提到兩點，因為這兩點為我們帶來了莫大的希望。

- 撒哈拉沙漠的非洲綠色長城是非洲聯盟主導的計畫，預計在2030年前種下超過 8千公里的樹，這也是非洲的寬度。完成後，綠色長城將成為地球上最大的活建築。「長城計畫有望成為解決許多急迫性威脅的有效方案，這不僅適用於非洲大陸，也能應對全球社群面臨的威脅，如大家熟知的氣候變遷、乾旱、饑荒、衝突與移民問題[17]。」
- 樹姐妹（Tree Sisters）組織旨在推廣女性種植樹木，協助因砍伐森林而受到影響的社區[18]。他們提供教育資金、訓練和樹苗，協助女性在當地環境重新植林，特別是須要復育熱帶森林的地方。他們的願景是：「打造出一個讓人人都視保護與恢復自身和環境為正常的世界。」

更妙的是，我們可以從大自然本身獲得線索，了解如何

在環境崩潰前懸崖勒馬，復原被破壞的生態系統。珍妮・班亞斯（Janine Benyus）是一位仿生大師。仿生學是個跨科學與設計的新學科，靈感源自於生態系統及大自然的模式。班亞斯說：

> 在自然世界中，成功的定義是生命的延續⋯⋯生命學會了創造適合生命的條件。這確實是魔法般的核心概念，也是我們現在需要的設計概要。我們必須學習如何做到這點[19]。

以這個概念為靈感，如果我們生活與工作的目標是「創造適合生命的條件」，這在個人和集體的生活中意味著什麼呢？這是鞏固我們共同努力的有效方式。海倫娜・諾伯格-霍奇（Helena Norberg-Hodge）表示，這件事已經在進行中：

> 放眼世界，我們正在目睹一場真正、確實的文化演變。我們正在重新學習古代原住民所熟知之事——「內」與「外」、人類與非人類都是密不可分的。我們開始關注內在的世界，更有意識地體驗到，我們正是生命偉大交織網絡中的一分子[20]。

對我來說，這就是「足夠的連結」的定義。

連結是擁有足夠的基礎

「足夠的連結」提供了解決導向的切入點，從「足夠」出發，無論是和他人一起，還是為後世服務，我們都能成長茁壯。在接下來的數十年裡，人類必須改變才能避免氣候危機與生態滅絕的大災難。如果能從「足夠的連結」出發，與最深的渴望、彼此和大自然做連結，那會是一次非常有益的旅程。我們將能不再關注擁有「足夠」要付出哪些代價，或須要停止些什麼，轉而關注在「足夠」可以為我們提供什麼。愛是連結彼此的凝聚力，讓我們成為、做得並擁有足夠，富足地共同成長，為未來世代種下「足夠」的種子。

「足夠的連結」總結

- 社會的「匱乏」文化會導致斷裂感與孤寂感。
- 連結是貫穿所有人類關係的活血。

- 與自己連結就是愛自己，這使我們能夠與他人連結。
- 我們須要與他人連結，分享共同的目的，走出自己的同溫層。
- 謹記人們的共同點比分歧點更多，就更容易找到「連結」。
- 與祖先和後代連結，提醒自己是地球與自然資源的守護者，並且想著要將體驗到的富足傳遞下去。
- 與大自然連結可為個人提供資源，對人類全體來說也是必要的，那讓我們能共創可持續的未來。

擁有足夠的連結，所帶來的轉變性潛力是……

……愛自己、愛他人、愛世界

結語

足夠的蛻變

他說：「來到懸崖邊吧。」他們說：「我們很害怕呀。」他又說：「來到懸崖邊吧。」他們終於來了。他輕輕地推他們，於是，他們就飛了起來。

紀堯姆・阿波里奈爾（Guillaume Apollinaire）

　　七藝的旅程帶領我們探索如何由內而外，以足夠的藝術生活。我們檢視了如何平衡內在的狀態、外在生活以及共享更大的世界。我希望這本書的某個部分能幫你找到最需要的「足夠」，讓你在你的世界裡茁壯成長、大放光芒。

　　每個人會受到不同的「藝術」吸引，有時我們會在人生的不同階段，重新檢視不同的藝術。這些藝術並沒有順序性，更像是我們上下走動的階梯，可以在一路上不同的階段停下來。沒有一項找到「足夠的藝術」的工作是靜態的，都

需要持續的努力和注意力，須要在不同的時刻關注不同的
「藝術」。對我來說，一天須要做數次。無論你對哪一個
「藝術」產生共鳴，我期望「足夠的藝術」可以作為你茁壯
成長的起始點，這是身處二十一世紀的我們所迫切需要的。

　　有時我們知道自己要去哪裡，有時我們必須讓道路顯
現。回到貫穿本書的毛毛蟲和蝴蝶的意象，我想知道，每個
人在學習成為、做得與擁有足夠時，是否也能發現自己的個
人轉變。當我們連結在一起，就能轉變整個世界。

　　讓我們提醒自己每個「藝術」中心的成蟲細胞為何：

　　　　富足存在於「足夠的心態」中。
　　　　我們能在「足夠的許可」中找到自由。
　　　　心流存在於「足夠的當下」中。
　　　　我們能在「足夠的界線」中找到清晰。
　　　　力量來自「足夠的資源」。
　　　　我們能在「足夠的成長」中找到智慧。
　　　　我們能在「足夠的連結」中找到愛。

　　我使用了「足夠的藝術」模型貫穿本書，在這個天秤
中，「足夠」是「匱乏」與「過剩」之間的平衡。在本書的

最後，我要提供一個意象，即模型的本身蛻變成為一隻蝴蝶。像毛毛蟲一樣，模型的骨幹結成蛹，在變成蝴蝶之前，會從每個「藝術」中汲取成蟲細胞的能量。隨著蝴蝶慢慢展翅，我們會看見「愛」取代了「過剩」，「富足」取代了「匱乏」。在兩個翅膀之間是「足夠」的本體，我們在其中是自由的，是進入心流的，且擁有清晰的目光、力量與智慧的。

　　我的夢想是由內而外找到「足夠的藝術」，改變生活、工作與世界，讓世界成為一個美麗且永續的地方，我們都知道這是可能的。當我們學著相信自己是「足夠」、做得「足夠」、擁有「足夠」，我們就能發展茁壯、實現潛能並作為這個共享星球的守護者，共同繁榮。

將足夠視覺化

　　最後，我要提供以下視覺化的方法，幫助你想像「足夠的藝術」，為自己帶來的轉變。

　　想像自己處在「足夠」的狀態中走向懸崖邊。懸崖外是浩瀚無邊的風景，洋溢著生命力與美麗。那片風景邀請你成

為它的一部分，如此，你也能為充滿創造力的永續世界貢獻一己之力。你站在那裡，深呼吸。隨著每個呼吸，感受到生命的富足；你吸入了自由；你感到安穩、平衡、進入心流；你善於運用清晰的目標，以及你資源的力量；你挖掘你的智慧，感受到連結帶來的愛。接著你深呼吸一口氣，閉上雙眼，相信自己會找到所有人都能共榮之處，你向前邁步，讓翅膀帶著你乘風飛翔。

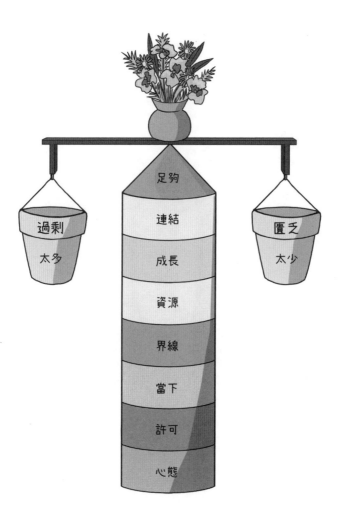

練習詞彙表

這裡集結了你在本書中收集到的每片樹葉與花朵。

第一藝

266

第二藝

練習五：歸屬規則

練習六：潛在的忠誠關係

練習七：許可單

練習八：核心目的

練習九：價值觀

第三藝

練習十：連貫的呼吸

練習十一：正向作品集

第四藝

練習十二：足夠的界線#1：最重要的事

練習十三：畫出你的能量圖

練習十四：足夠的界線#2：能量模式

練習十五：列出「停止做清單」

練習十六：寫「不要」日記

練習十七：足夠的界線#3：保護時間與專注力

第五藝

練習十八：足夠輪盤

練習十九：整合你的陰影面

練習二十：檢視你的工作模式

第六藝

練習二十一：建立屬於你的「足夠甜甜圈」

第七藝

練習二十二：找不同

練習二十三：給後代的一封信

練習二十四：與大自然連結

　　這些練習和更多可下載的資源都能在「足夠的藝術」網站找到：

　　www.theartofenough.co.uk

致謝

　　這本書的籌備時間非常久。我在2013年首次萌生寫書的想法，並從那時開始研究這個主題，並搜集故事、個案研究與例子。本書大部分的素材都來自我過去20年合作過的客戶，他們善於激勵人心、做事盡心盡力且擁有美好的品格，我很榮幸能與他們合作。我很感激這些客戶邀請我進入他們的世界，跟我分享他們的經驗。我還要感謝許多回覆線上問卷調查和談話的人們，他們提供了我個人經驗和「足夠」的例子，尤其是：Sarah Thomson、Bernadette Cagnoni、Liz Curran、Pari Namaze、Neil Gore、Hugh Digby-Baker、Alli Spargo、Ria Knowles、Louise Parsons、Christopher Hall、Sarah Vokes-Tilley、Kit Mills、Lorna Durrant、Sally Northeast、Liz Goold、Kate Gittins、Erika Poole、Katherine Taylor-Birnie、Aurelian Koch、Maggie Saunders、John Watters、Chris Hall、Janice Keyes、Emma Webb、Roz Stevens、Suzanne Maxted、Michele Enright、Abi Harris、Pete

Bone、Jayne Harrison 以及 Megan Pengelly。

　　我很幸運在撰寫本書的過程中，有人願意與我談論想法、閱讀初稿，並提供珍貴的意見回饋。特別感謝 Suzanne Raitt、Vee Pollock、Alison Vickers、Claire White、Ruth Overton、Laura Beckingham、Sarah Compton、Mary McCammon及Sarah Wilkinson，在初期擔任讀者並幫助這本書成形。我的父母John與Tricia Hall-Matthews也閱讀了初稿。母親是第一個告訴我什麼是成蟲細胞的人，她也向我傳遞了她對大自然的熱愛（可惜我沒有她百科全書般的知識）。Gus Stewart和John Fielding向我介紹心理治療的世界，尤其是唐諾‧溫尼考特、梅莉恩‧麋爾納（Marion Milner）和卡爾‧榮格的作品，帶我踏上相信自己三十年前就已經「夠好」的旅程。謝謝你們。

　　我非常感謝睿智且熱情的麥可‧卡希爾（Mike Cahill），他閱讀了本書的每一個章節，他的影響力也躍然顯現於每頁紙上。麥可，謝謝你向我展現了深度與慷慨，在本書成形之時與我進行廣泛且充滿創造力的對話，這個過程就跟寫作本身一樣愉快！

　　感謝許多人透過持續不斷的參與、鼓勵、督促、友好

表現，或「做就對了」這類粗暴但有效的建議，支持我繼續寫作。查爾斯‧韓第與其已故妻子伊莉莎白‧韓第（Liz Handy）提供了我寫作的絕佳建議與鼓勵，Simon Mayo、Martin Wroe與Sarah Rozenthuler也是。特別感謝Rebecca Phillips、Iona Kenrick、Mathew Gibson、Euton Daley、Omar Wilkinson、Malou Ericsson、Saranne Postans、Jo Colville、Cynthia Hamilton、Alice Sheldon、Catherine Weetman、Ken Dickson、Louise Wiles、Andy Brookes、Oana Tanase、Chris Burton、Ceri Evans、Jeff Humm、Rhian Roberts、Susie與Crispin Holland、Clare Hall-Matthews、David Hall-Matthews、Liz Davidson、Jo De Waal、Bec Hill和Ian Denley。我也非常感激樂團夥伴：Sarah Spackman、Clare White、Emma Stokes、Vanessa Eade、Caroline Krantz、Julian Followell和Hugo Shelton，謝謝你們帶給我友誼、笑聲還有音樂。

我很幸運能遇見這麼多優秀的老師。我要感謝John Whittington、Lynn Stoney和Dan Booth Cohen，教導我何謂系統良知，讓生命與愛的流動得以實現。我的教練督導Katherine Long持續提供智慧與洞見，Gavin Andrews在心

數學院為我提供訓練，我的瑜伽老師Katie Phelps、Susanne Kaesbauer和Laurene Vetterli持續教導我這項體現「足夠」的練習。我對你們深表感激。

　　Alison Jones使這本書得以成形，從「我有一天要寫的書」變成我真正寫下的書。我很幸運能獲得她的指導與支持。Alison從初期就對這本書充滿信心，我很興奮能與Practical Inspiration Publishing出版這本書。超級感謝Daisy Mojave Holland美妙的插圖與她反覆詮釋插圖的耐心！

　　最後，衷心感謝Keeley Addison的日常陪伴，跟我聊天、關心我、鼓勵我，一直陪著我；感謝Judy Parke帶給我一輩子的友誼、機智和智慧；感謝家人在我處於「過剩」或「匱乏」時包容我，在每一天提醒我找到「足夠的藝術」。Jude、Johnty、Andy和親愛的女兒們Izzy與Iona——這本書也是獻給你們的。

註釋與參考書目

引言

1　Gore, N. (2013). Final speech from the play, 'We Will be Free' first performed in 2013. Published in 2017 in *Workers Play Time Volume 1*, Workable Books.

序

1　See 'Greta Thunberg "Our House is on Fire" 2019 World Economic Forum (WEF) in Davos', 2019. Available from www.youtube.com/watch?v=zrF1THd4bUM [accessed 9 May 2021].

2　See IPCC (2018), *Special Report: Global Warming of 1.5°C*. Available from www.ipcc.ch/sr15/ [accessed 9 May 2021].

3　See Unicef, 'Every child's breath is under threat'. Available from www.unicef.org.uk/clean-air-child-health-air-pollution/ [accessed 9 May 2021].

4　Lovelock, J. (1981). *Gaia: A New Look at Life on Earth*. Oxford

University Press.

5　See Solnit, R., 'The impossible has already happened': What coronavirus can teach us about hope'. *The Guardian, 7* April 2020. Available from www.theguardian.com/world/2020/apr/07/whatcoronavirus-can-teach-us-about-hope-rebecca-solnit [accessed 9 May 2021].

第一藝：足夠的心態

1　James, W., & Drummond, R. (1890). *The Principles of Psychology.* The exact source of this quote is unknown – it is commonly ascribed to William James, and the sentiment is refl ected in the book referenced here.

2　Dweck, C. S. (2006). *Mindset: Changing the Way You Think to Fulfil Your Potential.* Random House.

3　Proust, M. (1913–1927). *In Search of Lost Time.* New edition,Penguin Books Ltd., 2002.

4　Hibberd, J. (2019). *The Imposter Cure: How to Stop Feeling Like a Fraud and Escape the Mind-Trap of Imposter Syndrome.* Aster,Octopus Publishing Group,

5　In 2010, the UK Post Offi ce commissioned YouGov to research anxieties suffered by mobile phone users. See Elmore, T.,'Nomophobia: A rising trend in students', 18 September 2014.Available from www.psychologytoday.com/gb/blog/artifi cialmaturity/201409/nomophobia-rising-trend-in-students [accessed 9 May 2021].

6　Brach, T. (2000). *Radical Self-Acceptance*. Sounds True.

7　Lama, D. and Tutu, A. D. (2017). *The Book of Joy*. Ulverscroft.

8　Winnicott, D. W. (1980). *Playing and Reality*. Penguin Books.

9　Kline, N. (1998). *Time to Think: Listening to Ignite the Human Mind*. Cassell Illustrated.

10　Seligman, M. (2011). *Learned Optimism* (2nd ed.). William Heinemann.

第二藝：足夠的許可

1　The precise source of this quote is unknown, but it is attributed to Eleanor Roosevelt. See https://quoteinvestigator.com/2012/04/30/no-one-inferior/ [accessed 9 May 2021].

2　Obama, M. (2018). *Becoming*. Viking.

3   Obama, M. (2015). Tuskegee University commencement address, 9 May 2015. Available from https://obamawhitehouse.archives.gov/the-press-office/2015/05/09/remarks-first-ladytuskegee-university-commencement-address [accessed 9 May2021].

4   Santos L. Yale University Science of Happiness online course. Available from https://ggsc.berkeley.edu/what_we_do/event/the_science_of_happiness [accessed 9 May 2021].

5   Saint Augustine Quotes. (n.d.). BrainyQuote.com. Available from www.brainyquote.com/quotes/saint_augustine_107689[accessed 4 February 2021].

6   Hendricks, G. (2010). *The Big Leap: Conquer Your Hidden Fear and Take Life to the Next Level.* HarperOne.

7   Whittington, J. (2020). *Systemic Coaching and Constellations:The Principles, Practices and Application for Individuals, Teams and Groups* (3rd ed.). Kogan Page.

8   Hellinger, B. (1998). *Love's Hidden Symmetry: What Makes Love Work in Relationships.* Zieg, Tucker & Co.

9   See 'Who are the workshop facilitators?' Available from https://constellationworkshops.co.uk/who/ [accessed 9 May 2021].

10 Chesterton, G. K. *Illustrated London News*, 14 January 1911.

11　Scharmer, C. O. (2008). *Theory U: Leading from the Future as it Emerges* (1st ed.). Meine Verlag.

12　Craig, N. (2018). *Leading from Purpose: Clarity and Confidence to Act When It Matters*. Nicholas Brealey Publishing.

13　Oliver, M. (2013). *New and Selected Poems, Volume One.*Beacon Press.

14　Pink, D. H. (2018). *Drive: The Surprising Truth About What Motivates Us*. Canongate Books.

15　Doyle, G. (2020). *Untamed: Stop Pleasing, Start Living.*Vermilion.

第三藝：足夠的當下

1　Cuddy, A. (2016). *Presence: Bringing Your Boldest Self to Your Biggest Challenges*. Orion.

2　Csikszentmihalyi, M. (2008). *Flow: The Psychology of Optimal Experience*. HarperPerennial.

3　Levine, P. A. (2010). *In an Unspoken Voice: How the Body Releases Trauma and Restores Goodness*. North Atlantic Books.

4　See www.heartmath.org

5   Childre, D. and Rozman, D. (2005). *Transforming Stress: The HeartMath Solution for Relieving Worry, Fatigue and Tension*. New Harbinger Publications.

6   Goleman, D. (1996). *Emotional Intelligence: Why It Can Matter More Than IQ*. Bloomsbury Publishing PLC.

7   Rock, D. (2009). *Your Brain at Work: Strategies for Overcoming Distraction, Regaining Focus, and Working Smarter All Day Long*. HarperCollins.

8   Rodenburg, P. (2008). *The Second Circle: Using Positive Energy for Success in Every Situation*. W. W. Norton & Company.

9   Watts, A. (1951). *The Wisdom of Insecurity*. Vintage Books.

10 Tolle, E. (2005). *The Power of Now: A Guide to Spiritual Enlightenment*. Hodder Paperback.

11 Hebb, D. (1949). *The Organization of Behavior: A Neuropsychological Theory*. Wiley.

12 Woollett, K. and Maguire, E. A. (2011). Acquiring 'the Knowledge' of London's layout drives structural brain changes. *Current Biology*. See https://wellcome.ac.uk/press-release/changeslondon-taxi-drivers-brains-driven-acquiring-'-knowledge-studyshows [accessed 9 May 2021].

13　Seligman, M. (2011). *Learned Optimism* (2nd ed.). North Sydney: William Heinemann.

14　Nerburn, K. (1998). *Small Graces: The Quiet Gifts of Everyday Life*. New World Library.

第四藝：足夠的界線

1　Davies, W. H. 'Leisure', published in Davies, W. H. (2011). *Songs of Joy and Others*. A. C. Fifi eld.

2　Senge, P. M. (1999). *The Fifth Discipline: The Art & Practice of the Learning Organization*. Image Books.

3　Wheatley, M. J. (2006). *Leadership and the New Science*. Berrett-Koehler.

4　Bailey, P. C. (2017). *The Productivity Project: Accomplishing More by Managing Your Time, Attention, and Energy*. Crown Business.

5　Newport, C. (2016). *Deep Work: Rules for Focused Success in a Distracted World*. Piatkus Books.

6　Webb, C. (2017). *How to Have a Good Day: The Essential Toolkit for a Productive Day at Work and Beyond*. Pan Books.

7　Elizabeth Gilbert talks about this on her Instagram feed.

8 Kline, N. (1998). *Time to Think: Listening to Ignite the Human Mind*. Cassell Illustrated.

9 See Stone, L. 'Beyond simple multi-tasking: Continuous partial attention'. Available from https://lindastone.net/2009/11/30/beyond-simple-multi-tasking-continuous-partial-attention/[accessed 9 May 2021].

10 Collins, J. (2006). *Good to Great*. Random House Business Books.

11 Brown, B. (2018). *Dare to Lead: Brave Work. Tough Conversations. Whole Hearts*. Random House.

12 Quoted in Webb, C. (2017). *How to Have a Good Day: The Essential Toolkit for a Productive Day at Work and Beyond*. Pan Books.

第五藝：足夠的資源

1 Behn, A. (1984). *The Lucky Chance*. Methuen Publishing.

2 Songwriters: Gerald Marks / Seymour Simons, All of Me lyrics c Sony/ATV Music Publishing LLC, Round Hill Music Big Loud Songs, Songtrust Ave, Warner Chappell Music, Inc, Kobalt Music Publishing Ltd., Marlong Music Corp.

3　Whyte, D. (2002). *Crossing the Unknown Sea: Work and the Shaping of Identity*. Penguin Books.

4　See www.alanwatts.com

5　Hellinger, B. (1998). *Love's Hidden Symmetry: What Makes Love Work in Relationships*. Zieg, Tucker & Co.

6　Mate, G. (2013). *In the Realm of Hungry Ghosts: Close Encounters with Addiction*. Random House.

7　Sandberg, S. and Grant, A. (2017). *Option B: Facing Adversity,Building Resilience, and Finding Joy*. W H Allen.

8　Kolb, D. (1984). *Experiential Learning: Experience as the Source of Learning and Development*. Prentice-Hall.

9　Tedeschi, R. and Calhoun, L. (2003). *Helping Bereaved Parents:A Clinician's Guide*. Routledge.

10　Wageman, R., Nunes, D. A., Burruss, J. A. and Hackman, J.R. (2008). *Senior Leadership Teams: What It Takes to Make Them Great*. Harvard Business Review Press.

11　Kouzes, J. M. and Posner, B. Z. (2017). *The Leadership Challenge: How to Make Extraordinary Things Happen in Organizations* (6th ed.). John Wiley & Sons.

12　Lencioni, P. M. (2002). *The Five Dysfunctions of a Team: A*

Leadership Fable (1st ed.). Jossey-Bass.

13 Lamott, A. (1994). *Bird by Bird: Some Instructions on Writing and Life*. Pantheon Books.

14 Brailsford is quoted in Syed, M. (2015). *Black Box Thinking:Why Most People Never Learn from Their Mistakes—But Some Do*. John Murray.

15 Clear, J. (2018). *Atomic Habits: An Easy and Proven Way to Build Good Habits and Break Bad Ones*. Random House Business Books.

第六藝：足夠的成長

1 Smart, U., from 'Poor Man's Lamentation', public domain. The Full English online archive. Found and set to music by Hannah James in 'Songs of Separation'.

2 Carle, E. (1969). *The Very Hungry Caterpillar*. The World Publishing Company.

3 Handy, C. (2016). *The Second Curve: Thoughts on Reinventing Society*. Random House Business Books.

4 Fitzgerald, F. S. (1925). *The Great Gatsby*. Penguin Classics.

5 Mate, G. (2013). *In the Realm of Hungry Ghosts: Close Encounters*

with Addiction. Random House.

6　Schumacher, E. F. (1973). *Small is Beautiful: A Study of Economics as if People Mattered*. Frederick Muller.

7　Raworth, K. (2018). *Doughnut Economics: Seven Ways to Think Like a 21st-century Economist*. Random House Business Books.

8　Meadows, D. H., Randers, J. and Meadows, D. L. (2004). *The Limits to Growth: The 30-year Update*. Earthscan.

9　See 'Dana (Donella) Meadows lecture: Sustainable systems', 8 May 2013. Available from www.youtube.com/watch?v=HMmChiLZZHg [accessed 9 May 2021].

10　Leonard, A. (2010). *The Story of Stuff: How Our Obsession with Stuff Is Trashing the Planet, Our Communities, and Our Health – and a Vision for Change*. Constable. www.storyofstuff.org

11　Jackson, T. (2010). *An Economic Reality Check*. TED Talk. Available from www.ted.com/talks/tim_jackson_an_economic_reality_check?language=en [accessed 9 May 2021].

12　Gandhi quote cited in *Small is Beautiful* by E. F. Schumacher.

13　Robert Kennedy, speech transcript, University of Kansas, 18 March 1968. Available from www.jfklibrary.org/learn/about-jfk/the-kennedy-family/robert-f-kennedy/robert-f-kennedy-speeches/

remarks-at-the-university-of-kansas-march-18-1968 [accessed 9 May 2021].

14 For the doughnut infographic, see https://commons.wikimedia.org/wiki/File:Doughnut_(economic_model).jpg [accessed 9 May 2021].

15 Raworth, K. (2018). *Doughnut Economics: Seven Ways to Think like a 21st-century Economist.* Random House Business Books.

16 Grahame, K. (1908). *The Wind in the Willows.* Vintage Children's Classics.

17 Rock, D. (2009). *Your Brain at Work: Strategies for Overcoming Distraction, Regaining Focus, and Working Smarter All Day Long.* HarperCollins.

18 Kondo, M. (2017). *Spark Joy: An Illustrated Guide to the Japanese Art of Tidying.* Vermilion.

19 Leunig, M. 'Joy of Missing Out'. Available from www.leunig.com.au/works/recent-cartoons/769-jomo [accessed 9 May 2021].

20 *David Attenborough: A Life on Our Planet.* Available from www.netfl ix.com/gb/title/80216393 [accessed 9 May 2021].

21 Ellen MacArthur Foundation, *Towards the Circular Economy.* Available from www.ellenmacarthurfoundation.org/circulareconomy/concept/infographic [accessed 9 May 2021].

22　Bentham, J. (1789). *An Introduction to the Principles of Morals and Legislation*, 1996 edition, edited by J. H. Burns and H. L. A.Hart. Clarendon Press.

23　Eisenstein, C. (2018). *Climate: A New Story*. North Atlantic Books.

24　Rozenthuler, S. (2020). *Powered by Purpose*. Pearson Education.

第七藝：足夠的連結

1　Shakespeare, W., *Troilus and Cressida*, Act III, Scene III.

2　Brown, B. (2012). *Daring Greatly: How the Courage to be Vulnerable Transforms the Way We Live, Love, Parent and Lead*. Hay House UK.

3　World Economic Forum, 'How has the world's urban population changed from 1950 to today?'. Available from www.weforum.org/agenda/2020/11/global-continent-urban-populationurbanisation-percent/ [accessed 9 May 2021].

4　Forster, E.M. (1910). *Howards End*. Penguin Classics.

5　Brown, B. (2015). *Rising Strong*. Vermilion.

6　Kahane, A. (2010). *Power and Love: A Theory and Practice of Social Change* (1st ed.). Berrett-Koehler.

7   hooks, b. (2001). *All About Love: New Visions.* William Morrow & Company.

8   See 'Our vision, mission and values'. Available from www. jocoxfoundation.org/vision [accessed 9 May 2021].

9   Dilts, R., Hallbom, T. and Smith, S. (2012). *Beliefs: Pathways to Health and Well-Being* (2nd ed.). Crown House Publishing.

10 Raworth, K. (2018). *Doughnut Economics: Seven Ways to Think Like a 21st-century Economist.* Random House Business Books.

11 Norberg-Hodge, H. (2019). *Local is our Future: Steps to an Economics of Happiness.* Local Futures.

12 Krznaric, R. (2020). *The Good Ancestor: How to Think Long Term in a Short-Term World.* Penguin, Random House.

13 Quoted in *The Good Ancestor* (cited above).

14 Frankl, V. E. (1959). *Man's Search for Meaning.* Ebury Publishing.

15 See 'Fall 2005 commencement address by Chief Oren Lyons', 22 May 2005. Available from https://nature.berkeley.edu/ news/2005/05/fall-2005-commencement-address-chief-orenlyons [accessed 9 May 2021].

16 Eisenstein, C. (2011). *Sacred Economics: Money, Gift, and Society in the Age of Transition.* North Atlantic Books.

17 See 'The Great Green Wall'. Available from www.greatgreenwall. org/about-great-green-wall [accessed 9 May 2021].

18 See https://treesisters.org

19 Benyus, J. 'Biomimicry', 11 September 2015. Available from youtube.com/watch?v=sf4oW8OtaPY&t=778s [accessed 9 May 2021].

20 Norberg-Hodge, H. (2019). *Local is our Future: Steps to an Economics of Happiness*. Local Futures.

國家圖書館出版品預行編目資料

進入心流的七種藝術：停止內耗，顯化富足
人生/貝琪.霍爾(Becky Hall)作；詹宛樺
譯.-- 初版. -- 新北市：世茂出版有限公司，
2023.05
    面；　公分. -- (心靈叢書；14)
譯自：The art of enough : 7 ways to build a
balanced life and a flourishing world
    ISBN 978-626-7172-31-5(平裝)

  1.CST：自我實現　2.CST：成功法

177.2   112001852

心靈叢書14

進入心流的七種藝術：
停止內耗，顯化富足人生

作　　者/貝琪‧霍爾
譯　　者/詹宛樺
主　　編/楊鈺儀
封面設計/林芷伊
出 版 者/世茂出版有限公司
地　　址/(231)新北市新店區民生路19號5樓
電　　話/(02)2218-3277
傳　　真/(02)2218-3239（訂書專線）　　單次郵購總金額未滿500元（含），請加80元掛號費
劃撥帳號/19911841
戶　　名/世茂出版有限公司
世茂網站/www.coolbooks.com.tw
排版製版/辰皓國際出版製作有限公司
印　　刷/傳興彩色印刷有限公司
初版一刷/2023年5月

ＩＳＢＮ/978-626-7172-31-5
ＥＩＳＢＮ/9786267172414（EPUB）／9786267172407（PDF）
定　　價/380元